孫立人講述　沈敬庸編輯

中國軍魂——孫立人將軍鳳山練軍實錄

臺灣學生書局印行

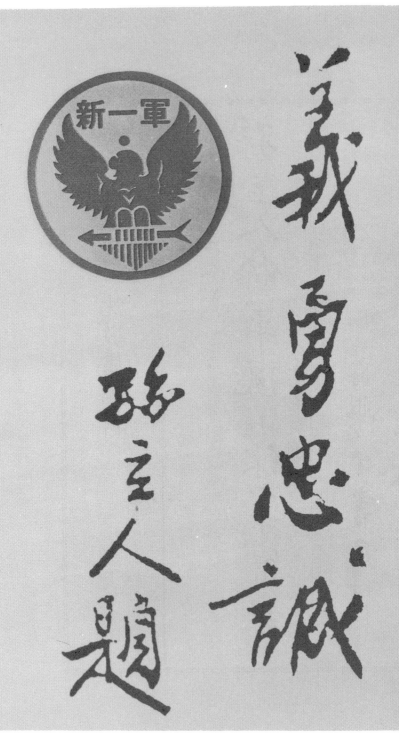

義勇忠誠

孫立人題

孫立人將軍於民國三十六年任陸軍訓練司令時玉照

孫立人將軍偕美軍將領探望緬甸作戰俘獲的戰利品——大象林旺

新軍在鳳山基地實施野外敎練

出版說明

民國三十六年，東北戰局逆轉，大陸整個局勢岌岌可危。政府調昇時任東北保安副司令長官孫立人將軍為陸軍副總司令，兼任陸軍訓練司令，負責訓練新軍，重建國防武力，在當時混亂的局勢中，透露出一絲曙光。

孫將軍於是年八月三十一日抵臺，選定臺灣鳳山為新軍訓練基地，開辦「陸軍軍官學校第四軍官訓練班」，自兼班主任。大陸各地學生及臺灣知識青年，聞風紛紛前來參加，編成學生總隊，入伍受訓。同時調訓在臺之國軍幹部，編為軍官總隊，分批集中在鳳山整訓。

三十六年十一月十六日鳳山新軍訓練開始。次年，孫將軍親自在第四軍官訓練班講授「統馭學」，集合學生總隊及軍官總隊學員生二千餘人在鳳山營房大操場上講課，學員生均赤膊紅短褲，戴斗笠，坐在小板凳上聽講，膝上放着一塊木製圖板作筆記。

當時孫將軍軍務倥傯，講課時間集中在兩天之內，上下午各三個小時，共計十二個小時。孫將軍站在司令臺前，將他一生帶兵練兵及指揮作戰的經驗，現身說法，娓娓講來，諄諄告誡，殷切期望每一位學員生將來都能成為一個卓越的軍官。在南臺灣炎熱陽光烤炙下，一天長達六個小時不停地講課，他始終神采奕奕，毫無倦容。學員生亦能體認孫將軍將他親身帶兵作戰的密訣傳授給他們，確是一個難得的機會，大家都能聚精會神，專心聽講，感受非常深切。

孫將軍講授「統馭學」自三十七年起，至四十年止，前後長達四年時間。內容包括：一般統馭和軍隊統馭的原理原則，平時和戰時帶兵作戰應該注意事項，以及部隊作戰應該具備的條件，並以古今中外名將語錄及其自身帶兵作戰的經驗作爲例證。聽訓學員生，包括第四軍官訓練班第十五期至第十九期學生，及駐臺國軍幹部數達萬人。每次講課都由毛傑上尉與黃變三上校在場紀錄，復經辦公室主任孫克剛少將等人彙編整理，繕成「統馭學」初稿。

四十四年「孫案」發生，凡有關孫將軍之文字紀錄，軍中多予銷燬。經過三十三年之後，中央研究院近代史研究所開始注意搜求有關孫將軍一生事蹟文件，並訪問孫將軍舊屬口述當時訓練情形，爲此段歷史留下紀錄。八十一年春於孫府找到這本「統馭學」原稿，這是當時彙整完竣繕呈孫將軍審核最完善的一本紀錄。現影印出版，以存其眞。其對國軍建軍史實與現代兵學研究，或稍有佐證。

孫將軍練兵有其一貫理想，希望把中國軍隊訓練成爲世界上第一等軍隊，他曾於民國四十年三月三十日在陽明山革命實踐院講述他的「建軍理想」，這一篇講稿從未發表，現在將它刊在篇首，作爲「統馭學」一書的弁言，全書命名「中國軍魂——孫立人將軍鳳山練軍實錄」。

孫將軍作戰自有其一套戰法，他在緬甸打的是叢林戰，他在東北打的是平原戰，來到臺灣，他出任臺灣防衞總司令，面對的是海島戰。如何打海島戰，他曾對當時負責防衞臺灣的各部隊長講述「臺灣防衞的戰略戰術」。現在將這篇講稿附錄於書後。從他的講話中，我們可以得知孫將軍練兵作戰的一貫思想與精神，同時更可以看出孫將軍對當時臺灣安全的貢獻。

最後殿以孫將軍於四十年三月六日所撰擬之「收復海南島意見書」，而今讀之，不禁令人深思；假使當局採納其意見，則歷史會不會改寫？世局會不會改觀？後人誠難臆度。而一代盡忠報國之名將，齎志以挫，以去，以困，以死！豈不令人浩嘆！時耶？命耶？

沈敬庸　謹識　八十一年十一月十九日

孫立人將軍傳

許　逖

孫立人將軍字仲能，民國紀元前十二年十月十七日生，安徽舒城人。民國三年考入清華學校，十年，爲我國籃球代表隊，參加遠東運動會，贏得中華民國至今唯一之亞洲籃球冠軍。十二年畢業，赴美國入普度大學，得土木工程學士學位。復入美國維吉尼亞軍事學校。十六年畢業，並獲經濟學士學位。返國之前專赴英、法、德、蘇、日各國考察軍事。

十七年，任中央黨務學校學生大隊長兼教官，歷憲警教導總隊第二大隊長，革命軍總司令部侍衞總隊副總隊長。二十年初，應財政部長宋子文之邀任稅警第四團團長，是爲練兵之始。二十二年，奉命率部入贛剿共。先後於永豐、丁毛山、七琴諸役，殲共軍之一、三兩軍團、新鉶初試，克奏膚功。

二十六年抗日戰起，率部參加八一三淞滬會戰、初守溫藻濱、大場正面，旋移防蘇州河南岸，戰況慘烈，拼死扼拒。使強敵未越雷池一步。以戰績獲晉爲少將稅警團第二支隊司令。後敵大量增援，將軍率部衝鋒破壞敵之浮橋，身被十三創。搶救脫險，經宋子文遣護香港就醫。

二十七年，扶創至漢口收容舊部，並奉准組設財政部緝私總隊任總隊長，於長沙重加整募。會武漢撤退，率部經湘入黔，駐防於獨山、都勻間，並領黔南十五縣綏靖區指揮官。歷時三載。總隊轄步兵團及獨立營各五，明恥教戰，蔚成勁旅。

三十年十二月，珍珠港事變爆發。英、美同盟各國對日宣戰。翌年，盟國公推我軍事委員長蔣公爲中國戰區盟軍最高統帥。將軍所部奉令改編爲新三十八師，任師長，隸第十一集團軍第六十六軍，遠征援緬甸。四月七日抵緬之舊都曼德勒，主城防。十六日英軍七千餘人被日軍第三十三師團圍困於仁安羌磧區，彈盡糧水垂絕，將軍率所部第一一三團約千餘人馳援，於十九日一日之中，創十倍之敵，解友軍之危。是爲揚威世界之仁安羌戰役。將軍因而獲英皇頒贈大英帝國司令勛章（C. B. E.）之殊榮。

第一次緬戰盟軍全線挫敗，遠征軍其他八師之衆撤抵國門，均已潰不成軍，英美軍更形狼狽，唯將軍率新三十八師掩護大軍撤退後，全師撤往印度，軍容不虧，戰備完整，故西方第二次大戰史家詡爲第一次緬戰，盟軍之唯一勝利者。

新三十八師在印整訓半年後，奉命爲反攻緬北之先鋒，將軍率部打通號稱鬼門關之野人山，轉戰于邦、孟關、瓦魯班等地，橫掃胡康河谷，於叢莽毒瘴中，血戰十九閱月，殲號稱常勝之日寇第十八師團殆盡，使盟軍佔領密之那計劃如期實現。第二期緬北反攻，將軍奉令升任新一軍軍長，獨力完成打通中印公路之艱鉅任務。緬戰三載，將軍初總步兵一師，繼總一軍，殲素詡無敵之日本第十八等七師團十萬之衆。獲地五萬餘平方英里。二次世界大戰，並時名將之個人成就，無與倫比。

三十四年八月，日本戰敗，入廣州受降。三十五年國軍接收東北，蘇俄支持中共先居地利。將軍奉令率新一軍出關，五月，四平、長春之役，破共軍主力，擊林彪部潰不成軍、方期犁庭掃穴，奉令停戰。旋被任第四綏靖區司令兼長春警備司令，鎮長春，時人倚爲「塞外反共長城」。

三十六年七月，諸將戰略未協，奉調任陸軍副總司令兼陸軍訓練司令。十月擇臺灣鳳山成立訓練基地，專事煉鑄新軍。

三十八年一月，總統引退，局勢迅速逆轉，時新軍訓練有成，所屬二〇一師加強團六月馬尾一戰，大挫共軍凶焰。九月奉令兼任臺灣防衛司令。遣二〇一師二團赴金門，任西區瓊林至古寧頭防務。十月二十五日克來犯共軍，是即重建臺灣反共國防與心防之「金門古寧頭大捷」。

三十九年三月一日總統復職視事。十七日任陸軍總司令。四月二十日，臺灣防衛司令部改稱總司令部，任總司令。四十三年六月二十四日，任總統府參軍長。

四十四年八月二十日，總統令稱將軍以郭廷亮案引咎辭職，經九人小組徹查後，准予辭職，免不置議。交國防部隨時查考以觀後效。

七十七年三月二十日，國防部長鄭爲元將軍正式宣佈將軍恢復自由。三十三年幽居輭禁，一代抗日名將，廉頗老矣。將軍恢復自由之消息公佈後，各方輿論多有論析，終使郭廷亮匪諜案之眞相大白於天下，將軍所遭「莫須有」之寃誣，已舉世共鑑，將軍對國家領袖之忠忱不二亦永昭日月也。

七十九年十一月十九日卒，年九十二。總統李登輝先生明令褒獎，中云：「戰績彪炳，勳猷卓著，揚威異域，馳聲宇內」。事久而績彌彰，人往而論以定，飾終之典不匱，將軍亦可以稍慰矣。

中國軍魂——孫立人將軍鳳山練軍實錄 目次

建軍理想

孫立人將軍民國四十年三月三十日下午二時

在草山革命實踐學院講

談到訓練，兄弟個人有個感想，就是我國建軍，從袁世凱小站練兵起，直到現在爲止，其中不下數次，然迄未成功，達到目的，原因固然很多，最主要的，我認爲是沒有建軍理想。凡事有了理想，才能按步實施，要是沒有理想，就是沒有標準，沒有標準，一切制度均無從樹立起來。直到今天，我們還是在講美式德式，就沒有聽人談到中式，總是東抄西襲，盲從他人，沒有眞正建立起一套完美的制度來。記得當段祺瑞去德國學軍事的時候，日本同時也派遣留學生去德國學軍事，當時有遠見的德國人就認爲，日本建軍可以成功，而中國是不能成功的，這句話給他不幸而言中，果然後來日本建軍成功，而中國却失敗了。何以見得如此呢？這是因爲他們看到我們中國留學生所學的，是片斷的、皮毛的，回國之後，七拼八湊，拼湊不成一個完整體，而日本留學生則整套的學回去，吸取德國軍事的長處，而把壞處捨棄掉。現在我們訓練新軍，還有許多人不了解，認爲我是美國留學生，便說我的訓練方法是美式，對於這一點，我絕對要否認，我從不贊成盲目的抄襲他人，我可以說我所要求的是中式的。不問我們要學的是那一國的，祇要能把別人家的東西拿過來，適合我國的國情，合乎我們的需要，就是我們的，也就是中式的。我常把這種情形譬作請客，雖然席上擺滿山珍海味，有菜有飯，可是桌上的菜飯，並不能說就是我們的，非等吃到我們的肚子裡，經過消化吸收，變成了我們身上的血肉，那就眞的成爲我們自己的了，這時也沒有人說不是我們的。至於我們身上所不需要的渣滓，便由大便排泄出去。這就是說我們要擷長捨短，不要同過去一樣，祇是一味的盲從抄襲，美國留學生說美式好，法國留學生說法式好，而日本留學生又說日式好，結果抄來抄去，一樣都不是我們的。我國自十七年編成的操典，其間經過數次刪改，但大部份都是抄襲而來，不合乎實用。其實，眞正一部操典，應該是自己民族一滴血一滴汗寫成的，而不是將別的國家的操典，換上我們「中國」兩個字，就可以成爲我們自己的，所以我曾建議國防部，應該根據我們八年抗戰的寶貴經驗，一點一滴的，重新把我們的操典改寫一次，方能適合我們的需要，眞正成爲我們自己的操典。

根據我個人考查所得的經驗，我認爲世界各國的軍事，可以分成爲兩大系統，一爲英美系統，一爲德日系統，法國包括在德日系統之內，而蘇聯是學法德兩國的，所以蘇聯也屬於德日系統。我們知道英美系統有其長處，也有其缺點，德日系統有其長處，也有其缺點，所以我們應該採取二者之長，而揚棄其短。可是英美的長處在那裡？缺點在那裡？德日的長處又在那裡？缺點又在那裡？我認爲英美的長處，是自發自動活潑負責守法，他們的一個士兵，沒有了官長的統率，仍然可以繼續作戰到底；他們的軍營裡，充滿了活潑潑地生氣。可是他們的缺點，就是吊而郎當，粗枝大葉，官兵生活浪漫隨便。德日軍隊的長處，是精確細密整齊嚴肅，絲毫不苟。短處就是吊板遲鈍、缺少機動。在國外我曾看到一張軍事影片，是第二次大戰爆發時，英法德三國檢閱軍隊的片子，德國這張影片，是戰後俘獲得來的，把他們放在一起看，很明顯的可以看到，德國軍隊一定可以打勝仗，因爲我看到德國的軍隊，眞像泰山一般，擺在面前，令人感覺到無從撼搖得動，而法國軍隊吊而郎當的樣子、和英國軍隊滿不在乎的樣子，一看就曉得打起仗來，準定是要吃虧的。我們知道了他們的長處短處所在，我們是不是能以取精用宏學得到功呢？我認爲是絕對可以的。因爲我們中國的民族性，是介乎二者之間，既不像德國人的四方四正，死板不動，也不像美國人的浪漫隨便，吊而郎當。而且我們中國人的聰明才智，絕不比外國人低，甚至超過他們，我國留學生在國外學校讀書，多數都是名列前茅，學甚麼像甚麼。譬如打籃球足球，本非我國固有的運動，而我國自古以來是以打拳着稱的，可是我們打起籃球足球，反而比英美人來得活潑。再看中國的藝術雕刻，在一個小小的桃核上，可以把赤壁賦全部刻在上面，這樣精確細密，可以說是登峯造極。所以我說德國人及美國人的特長，我們都可以學到，而且我們中國人一向有的特長，是英美德法等任何國家所趕不上的，就是刻苦、耐勞、忍辱負重、及犧牲的精神。關於這一點，世界上祇有日本人還可以和我們一比，可是祇要我們眞正能把我們的軍隊練到功，日本人還是趕不上的。在緬甸作戰，就是一個明證，日本人說他們的軍隊是超人的軍隊，可是遇到我們的部隊，仍是被打得粉碎，而且我們常能以少勝多，甚至比他們少到五、六倍人，仍然能打勝仗。所以我認爲今日建軍，要能以取法「英美」、「德日」兩者的長處，再加上我國民族本身的優點，我們絕對可以把中國軍隊、鍛練成世界上第一等的軍隊，祇要我們有決心，肯下苦工，繼續不斷向這方面做去，我認爲有二十年的工夫，是絕對可以做到的。

至於我的訓練方法，並沒有甚麼稀奇奧妙，非常簡單平常，仍然是射擊教練與體力鍛練，這完全是道地的中國訓練方法，不過有一點我特別注意，就是一切訓練都要從「確實」着手，惟有做到「確實」，然後才能求改進，有進步，否則馬馬虎虎，似是而非，一切都無從談起，所以我們沒有別的，祇有「確實」。我們在精神方面，祇講求一個「誠」字，在技術方面，祇講求一個「拙」字。所謂「拙」字，就是開誠佈公，眞誠相見，沒有欺騙，沒有虛僞，做到上下一心。所謂「拙」字，就是不投機不取巧，老老實實，平平常常，沒有一點花樣。本人帶兵二十年來，都是一貫的本着這「誠」與「拙」兩個字的精神，訓練部隊的，事實證明我的訓練方法並沒有做錯。至於這「誠」與「拙」兩個字，也並不是從我獨創的，而是曾文正公的治軍精神，他一向是以「誠」、「拙」爲天下倡的，所以卒能以湘鄉一縣之人，而蕩平洪楊之亂，其功效是顯而易見的。

關於鳳山的新軍訓練，分爲幹部訓練與部隊訓練兩種，幹部訓練又分爲軍士、尉官、校官三隊，主要在訓練其本階層的基本動作、及指揮能力。他們受完訓之後，再回到部隊訓練士兵。幹部訓練的時間，校官隊是五週一期，尉官軍士均是六週一期，每個部隊每期送三分之一幹部去受訓，預定在十八週之內，就可以完成三期訓練，實際上，都未能如期完成，主要的原因，就是各部隊未能按照規定員額送訓，總是希望少送，甚至祇把師部的幹部送訓，以致把訓練時間拖延下去。在他們認爲把幹部送到鳳山去受訓，將躭誤了部隊的訓練，實則部隊的訓練，定爲十八週，前五週是生活體力訓練，是準備教育期間，在此階段，我們派有體育教官及示範隊下去教練體力及基本動作，（因我覺得各部隊未能善於運用示範隊，現在我已把示範隊撤銷。）所以抽出三分之一幹部去受訓，並不會影響部隊教育，祇要我們留下的幹部多幸苦勤勞一下就可以的，否則大家偷懶不動，人多在一起，也是不會發揮甚麼效用的。等到部隊初期五週訓練期滿，十三週正式教育開始，已經有了第一批受訓的三分之一幹部回來教練士兵，這樣可以在十八週之內，一個部隊的幹部及部隊訓練，可以同時的順利完成。

而且我們要知道，我國的部隊，經過八年抗戰、五年戡亂，從來沒有整頓休息的時間，一直是在戰場上拖來拖去。而且部隊裡幹部的素質水準都不整齊，他們從各個學校，各種短期訓練班畢業出來，動作精神，均不一致。以致影響到一個師一個團的動作不一，技術不一，精神不一，意志不一，可是軍隊是「成於一，敗於二三」，現在我們一定要把來自各方的官兵，訓練成思想一致，精神一致，動作一致，技術一致，鳳山訓練的目的，就在於此。有許多初到的部隊，因爲不明瞭這一點，認爲自己都是受過養成教育的軍官，何必再到鳳山去受訓呢？我可以告訴大家，新軍訓練確實收到了很大的成果，這非是我的主觀看法，而是有事實證明、及統計資料作根據的。就拿射擊一項來說：我們有一個女生大隊，她們初期五週訓練完成後的射擊成績，要比才到鳳山受訓的校尉官的射擊還要好些，因爲初來受訓的校尉官所舉行的測驗射擊，祇有百分之二十及格，而女生大隊的學生，受完五週訓練的成績，却有百分之九十以上及格，可是這些校官尉官經過訓練之後，他們射擊的及格人數，竟達到百分之八十以上。又如儲訓軍官班的學員，他們都是二十幾歲的青年，在部隊裡都是排長以上的每軍官，昨天我去看他們的射擊，祇有二十分之一的人及格，可是軍訓班學生的射擊成績，每隊平均分數達到十三分點二，這充分證明受過訓練，與沒有受過訓練二者相差是多麼的大。所以我們祇有訓練，才可以加強官兵的體力與技術，也祇有繼續不斷的訓練，才可以加強部隊的戰鬥意志與力量。抗戰期中，本人奉命率領遠征軍在緬甸作戰，曾經有一度連續二十個月的戰鬥工作。在這二十個月中，我們沒有休養和整補的機會，就是在此種情況下，我對部隊的訓練工作，也從未間斷過，當時我就是靠了這樣不斷的訓練，來維持戰鬥力與士氣。並且在同一任務內，我所直接指揮的部隊，其傷亡率要比別的部隊減少一半，這就是訓練的功效。現在我們要以少勝多，以質代量，就必須切實的注重訓練工作。

訓練叢書之一

統馭學

孫立人講述

統馭學初稿目次

〈第三章　軍隊的統馭〉

目三

目次

目五

目次

統馭學

▲前言▼

一、名詞解釋——「統馭」一詞，在英文為：「Leadership」。有譯為「領袖」的，有譯為「統馭」的，有譯為「指揮」的，也有譯為「領導」的，究其真義，都不十分恰當；因為「Lead」的本義，就是「領頭」，所以現在一般人，常喜譯為「領袖」，而我覺得「領袖」一詞，通常又有「高於一切」的概念，也未能適合「leader」的本義，譬如班長、排長，地位並不很高，但必須具備統馭一班或一排的能力，這就不能說是「領袖」而只能說是「統馭者」。

二、研究範圍

「統馭學」的範圍，非常廣泛，是研究一種人對人的關係，我們平常待人處世，就已感覺到關係複雜，應付困難，何況是要統馭別人呢？但人類社會，遠在太古時代，就有了「統馭者」

如一個部落，就有酋長，又如現在雲南貴州的苗猺，台灣的生蕃，緬甸的野人等，這些人的文化水準很低，還和古代的人一般，非常野蠻，喜歡殺人吃人，可是他們也有酋領，居於領導地位，將那些野蠻人統馭得很有秩序。所以我們也可以說「統馭學」是有史以來，就已經有了，古今中外的歷史書，大部份講的是「統馭學」，其間朝代的盛衰，國家的治亂，人物的臧否，英雄的成敗，一切都有其道理存在，推源究始，就要研究到當時統馭者的統馭能力了。譬如秦漢之

二

際，劉邦項羽相爭，刘邦何以成功，項羽何以失败，都自有其道理，唐太宗宋太祖之所以得天下，也自有其成功的条件，拿破崙之所以终归失败，也自有其致败的原因，若將這些道理条件与原因，综合整论起来，就是「成败学」的一部份了。

又如我国先聖所創立的「诚意」「正心」「修身」「齊家」「治国」「平天下」的哲学，其起始在乎「诚意正心修身」的克己工夫，其终结，就在乎「齊家治国平天下」的治人本领，實在说来，也就是「统驭学」了，所以四書五経的理论，先聖先質的哲學，大半是以人為對象，也就是統馭方法的研究。

三、統馭學的重要

時至今日，因為自然科學的日有進步，一般教育，偏重於對物對事的研究，忽略了對人關係的探討。雖為有很多大學畢業生或留學外國回來的，也許書念得很好，數學及其他各種科學，都有精深的研究，要他作教授，當技師，都能勝任愉快，可是要他統率部下，或是

三

三

管理一個部門，就甚至要弄到百端廢弛，一塌糊塗了。這就是因為平時忽略了領導才能的訓練。不獨文學校如此，就是各學校，有時也難免此弊，一般人總以為有良好的裝備，熟練的技術，就可以作戰，殊不知精神的團結，士氣的旺盛，指揮的靈活，更加是勝仗的必要條件，而這些就是領導能力了。現在我們整個國家，無論文武机關，都感到人才缺乏，若狹義的說，就是領導人才缺乏。我們要知道，領導人才缺乏，國家非常危險，因為技術人才缺乏，可以聘請外國人作顧問或是作用外国技師，而对於組織及管理等方面，就非自己過問不可。如果慮於組織及管理的統馭人才，也仰仗外國人，就等於喪失國家主權，不能独立自主了。比方我国有很多国營事業，如郵政等，因為過去是外国人主持，就比較的有條理。他如公司旅館輪船火車，凡我国人去管理的，大都是髒，乱，無秩序，若是換了外国人作經理，一切就要改觀，其實底下工作的人，仍是中国人，這就足以証明我國組織及管理的人才缺乏，也就是統馭人才缺乏，統馭者應有的条件不夠，這實在是我国的一大危机，我们不得不有所警惕！
至於在軍隊裡，一个部隊長，就是這个部隊的核心，对於「從政學」，更加不可忽視，因為部隊組織是寶塔式，作為寶塔頂尖也就是部隊核心的部隊長，要有領導一切的能力。如果領導得法，無疑的，必定能使部隊團結，萬眾一心，能打勝仗；否則不但要吃敗仗，甚至整個部隊連同自己，都要白白地犧牲。由此可見我们軍人，对於「從政學」更應當何的重視了。

四·

四、講授主旨

——在英美等國，他們對於一般軍官教育，尤其是養成教育，特別重視「統馭學」。他們講授這一門學科，不是隨便請一人來講講，就算完事，據我所知，在美國，他們講授這一門學科時都是請在戰場上最有經驗、最有功勳的人來講授，唯有這樣，才能現身說法，收到教育上的功效。因為帶兵官最需要的就是統馭能力，統馭能力強，處處能真正居於領導地位，部下自能跟隨你，為你效命。綜觀現在剿匪，處處失利，論我們

王

的实质，有海軍空軍戰車以及通信聯絡等，不知好過土匪若干倍，以言士兵素质，也比土匪要優勝得多，但何以我們反而吃虧呢？歸根結蒂乃是我們各級帶兵官的腐敗，指揮不行。現在我們建訓新軍，一方面是腐敗，一方面是訓練，一方面是補給，這三方面都弄好了，土匪自然可以專潰敗。我們現在打敗仗，不是土匪打敗我們，而是我們自己不振作，無形中好像是自己打敗了自己。總裁曾在檢討會議上大聲疾呼：

○目 可我們对以精神，以道德來領導部下，但各做將領實在太不爭氣了。

所以不論是軍長師長下而至於營連排長，只要統馭得很好，自然可以團結部下，發揮最大的戰鬥力，相反的，要是統馭不好，一切也都無用了。古人說「先將而後練兵」，就是這個意思。

現在你們來受訓的，無論是軍官班、校官、尉官隊、軍士隊或特種兵訓練隊，多半是在部隊上很久了，最小也當排長、副班長或高至營團師長，就是幕僚人員，也多半是擔負了一部門責任，或是經辦著特種業務，各位要知

二

道，不但帶兵要統馭才能，就是辦事也需要統馭才能，因為事要人做，不懂得待人，就無法指揮別人做事，何況你們的教育水準很高，多數已進過軍事學校，並且普通的說，最少也是初中程度，讀過大學的更是很多，無論就整個的團體講或是就各個人而言，都希望你們能站在領導的地位，即是希望你們都能做優秀的「統馭者」或屬員，對部下統馭有方，使所帶的兵能夠心悅誠服，即使在艱險困窘的時候，不但不會抱怨，反而加倍努力，克服困難，以達成所負的任隊，就是幕僚人員，也能因為善於對待人群而善於處事，這就是在百忙之中抽工夫與大家講述「統馭學」的重要意義了。但以「統馭學」的範圍太廣泛，時間有限，只能粗枝大葉的講些大概而已。

二

第一章　概論

第一節　統馭的定義

一、對於統馭觀念的錯覺：

通常一般人的見解，以為騎着高頭駿馬，在戰場上統率三軍，指揮作戰的，才算是「統馭者」，這種觀點，偏重於英雄主義，殊覺見地太淺。因為軍隊中的統馭，不僅限於戰場上的指揮，我們對於出入千軍萬馬的戰場指揮，固然認為是統馭能力的表現，但那些坐在辦公室裡的首要們，終日計劃策動，掌握着整個戰場活動的樞紐，關係着全面戰局的勝敗，雖然在戰場上看不見他們，但其重要性不獨與戰場指揮相同，有時還會感覺到那是更關重要的「統馭者」，是全部戰局的決定者。

二、各類人羣均有統馭者：

不獨軍隊中有其「統馭者」，他如政治、經濟、宗教實業等組織中，也自有其「統馭者」。但工廠裡的管理，是在統馭工人，學校裡的教員，是在統馭學生，教會裡的教主，是在統馭教徒，政治机關的首長，是在統馭屬員與人民，即是開火車的机師，碼頭上的小工，以及理髮師等，都各自有其統馭的頭目，真所謂三百六十行，行行有首領，都在發揮其統馭能力，以統馭所屬。就是那些沒有職業遊手好閒的流氓，也自有其「流氓頭」，那些沿門要飯的「花子」，也自有其「花子頭」，並且那些「流氓頭」「花子頭」，還特別有其強大的統馭能力。因為「流氓」「痞子」最是胡作亂為，而頭目統馭他們，卻能紀律森嚴，規矩不亂，一切只坐享其成，自有「流氓」「痞子群」供給衣食，例如平劇中的紅鸞喜一齣，痞子頭嫁女，就自有痞子們送衣送褲，我還聽說上海有一个老頭子做壽，痞子們均送他一項「萬民傘」，但那把傘卻是用千萬叟身上的蝨子串結而成，那真是花錢也買不到的。且而這些頭目，並不是政府當局以命令派定他們作的，全是他們有了這種能力，足以統馭大眾，大家才公認他為首領，心甘情願的來服從他，於是他們設个頭目，有了很大的統馭能力，能夠指揮很多的人們，就在下層社會中，造成了一種很大的潛勢力，由此可見各種事業，各種階層中的人群，都有其統馭者，在統馭着，只不過方法不同，形態不同，對象不同而已，所以只要有吸引力，能指揮別人，使人心悅誠服，即是統馭力量，即是統馭者，不一定只有師軍長或總司令才稱是統馭者，只要在兩人以上共作一事，就需要統馭才能了。

三、腐敗行為，不僅對人，還須對事：

現在有些人，雖然平日御下有方，得人信仰，有人服從，但以處事才能不夠，不能應付大的場面，不能處理繁劇的業務，也就發展有限，不能成為偉大的，腐敗者了。尤其軍事上的腐敗者，以現代的戰爭日新科學化，軍械的日新月異，戰術的趨向立體化，部隊組織的日新繁複，人事管理的日趨科學化，這些都在於使戰爭技術上達成各方面分工合作，使人與物能密切配合，俾能發生最大的戰鬥效能，因此許以那腐敗者如除了对人的關係而外，還須發生对事的關係。亦即是必須具備了充分的現代科學、戰爭智識，才足以應付事物。諸如明代朱元璋之流，並未讀多少書，即能起自草莽，統馭羣雄，以爭取天下。若在今日，就不是憑著一點天賦的对人統馭才能，就能大有成就了。

四、三個定義：

關於「統馭」的定義，現在外國書本上翻譯了三個，以

卜一

供大家參考，但實際上這些定義，仍是未能包括一切的。

(1)統馭是導誘他人，对於某一目標有所悅望而前來合作的行動。

(2)統馭是对於一個共同願的目標，去取得個人或一群個人全力合作的要旨。

(3)統馭是以個人的意志，去命令他人，服從，信任，尊敬，及全力合作的技能。

——以上三个定義，以第三个比較的精見正確些，但仍不能包括完全。

五、三个定義的例釋：

○○(1)第一个定義，認為統馭是一種行動，舉例來說：

○○譬如說吧，要大家練習五千咪越野跑步，這自然是比較吃力的運動，如果隊長只說不動，自然大家會有的想跑，有的不想跑，有的雖然跑了而不肯賣力，如果隊長第一個脫衣換鞋，跑在前面，那大家自然會心悅誠服的跟著跑，就是跑不動的，也會竭力跟上，這就是拿行動來誘導他人合作，以期達到某一目標。

(2) 第二個意義認為便衣是一種處置。舉例來說：譬如要當地老百姓到匪區裏去探取情報，這是叫人來做一樁比較危險的事，那麼便衣就應有怎樣的處置呢？第一要挑選幾個有技術有膽識的人與他合作，給他以工作上的方便与保障第二应保证如遇有危险，他的家庭生活由公家完全负担，同时一次发给他居于安家费，使他无家庭之虑。第三，保证任务达成后，给以重赏若干，这些处置，都可以使别人心悦诚服的去工作。这就是以处置去取得他人的合作。

（3）第三个定义认为统驭是一种技能，举例来说：譬如小学教师，他们一方面要使用种种诱导启发的方法，鼓勵儿童向學，另一方面，還要使用种种

十三

獎懲的方法，以獎勵懲惰，這些都是使用技能以發揮其領導能力了。所以說這個定義以言，好的說來就是「技能」，壞的說來，也就是「權術」與如「學潮」，常是校中一二風頭領袖分子，利用同學想逃避考試，或是不滿現實的群眾心理，把任一樁事作由頭，以個人的意見，鼓動全體，暗中操縱把持，結果遂達成了罷課搗亂的目的。

六、範圍廣泛難下正確定義：

無論「行動」「處置」或是「技能」，都在「統馭學」所包括的範圍之內，但都未能包括完全，究竟什么叫統馭，簡單的解釋，固然可以說：「統」是「統制」「馭」是「駕馭」，但如果要將「統馭」的涵義，即統馭學所包括的範圍，概括無遺，作一個確切完全的定義，那實在是很難而似乎不能解答。因為「人心不同，各如其面」，對於甚么人，甚么時間，甚么地方，運用怎樣的「統馭」，各有不同，千變萬化，未可一概而論。正如自從「電力」發明以後，

一〇

十四

其效用日益推廣，而且日新月異，將來效用的發展，更是無可範圍，我們現在不能單憑着現有的電力作用，就草率的說，什么叫做電，那是不能根據「電」的全部性能的，比方說電燈發光，就以此代表全部電力作用的現象，那還對嗎？「說數」的確下一个正確完全的定義，正是這个道理。

第二節（一章） 統馭能力

一、兩種見解：

是否人人都有「統馭能力」，通常的說法，分為兩種，第一種見解，認它統馭能力，由於天性生成，不能於後天養成，也就是說：有些人生性就有「統馭能力」，而有些人則無之。第二種見解，認定人人都有（先天）或多或少的統馭能力，更因其後天的培養與否，而顯（更）現其大小高低的不同。我們若就這兩種見解加以分析，則可知此兩種說法，並無差別。若就第一

十六

種見解而言，認定天賦有從敎能力的，才可以成為「從敎者」，而天性無從敎能力的，則無法造成「從敎者」，根本否認從敎能力，可以訓練培養。若就第二種見解而言，認定人人先天皆有「從敎能力」，只因其後天的應用培養與否，而有隱顯高低大小程度的差別，於是就認定「從敎能力」可以培植訓練，發揮增長，甚至隱而不自知者，可以激發發現，進而培植加強。正因為根本見解不同，所以對於從敎能力訓練的方法，也就迥然有別了。

二、我的看法：

○就我個人的見解，比較的贊成第二種說法，認它人人都有些統馭本能，只不過有其高低大小不同而已。這種見解，也是因我個人的經驗而得：

○○我生而孱弱多病，到五歲才能走路，母親因為我的病弱，勞碌操心，以致成疾，在我五歲的時候，竟去世了。過沒父親娶有後母，後母待我非常的好，因我小時馴順，沈默寡言，靜如女子，後母有時竟將我作女孩兒妝扮，梳著小辮兒，甚至塗

二六

上還搽着胭脂，當时父親雖然很愛我，却也时々在耽心着我的孱弱，所以常々說：老二（指我）將來最好學醫，因為醫生既不必指揮別人，同时也不會受別人的欺侮。由此可見我那時候的柔弱〔溫順〕情形，更談不到統馭能力了。

同時，我父親的見解，認為新式學校，會教壞孩子，恐怕我們打壞了根柢，就教我們不進學校，先在家中，將中文英文兩科基礎弄好，當時我家設有家塾，聘請中英文兩位先生，專教我和弟弟兩人。於是我自六歲至十三歲，就在家塾中讀書，與先生同居居住，起居飲食，都在一塊兒。先生和父親，都管教得很嚴，將人陶得無從發揮個性，所以我也表現得特別靜，更無所謂統馭能力的有無了。

及至我已十三歲了，才考入清華中學，當時有如鳥出樊籠，覺得天空海闊，優遊自在，又以我在家中功課根柢，已經打得很厚，遂覺得校中功課甚易，所以除了上課以外，即是頑球，結果，因為頑得太過，跌傷了，竟醫治了一年，就留了一級，第二年

一二

十八

進校，因為是留了一級，越加覺得功課容易，暫自
仍是頑球，所以年終成績報告書上，評語竟
是這樣的：
「該生品學均無進益，應加督責！」
我的成績雖然是無比的壞，可是身體却因此
好了，球術更是大有進步，所以到了第三年
我做了足球隊的小隊長，又因為我喜看俠義
小說，頗極富正義感，平時好為人代抱不平，結
果，大家推戴我，竟在一年中被選為四種球
隊長，而且都是校隊。當時有些老資格的隊

員，平日隨便慣了，並且也有些看不起我這新進的隊長，就隊中散漫隨便，不守隊員規則，於是我就規定，凡是上一星期練習不努力者，下一星期的比賽就不許他出場。球隊自從我領導以後諸事詳細規定，要出處理，沒有多久，果然成績大著。從美遠征各地，連戰四十五場，從未敗北，這真是體育界少有的美談。同時我的統馭能力亦因此表現，此後我才自信頗有統馭能力，而前此的剛順柔弱約束，只在未容發揮而已。

十八

根據上述个人先後不同的兩種實際經驗，於是我相信第二種說法。況且第二種見解，對於一般人是一種求上進發揚的鼓勵，而第一種說法，卻可阻止一般青年的上進心，這一點我們也應當有所了解。

三、應有自知之明：

我雖然比較相信人人都有或多或少的領導能力，並且還可以隨時發揮與培養，但反過來說，我們大家也應當切實估計自己現有的領導能力，究竟如何，因為有些人因環境教養或習慣的關係，已經習慣於一種專門研究與靜默的生活，平日就甚不曾留心於待人處事的方法，一旦教他變更習慣，從事煩劇的領馭工作，不但會做不好，簡直無從著手。所以有些教授學者們，論學問固然是非常淵博，和他去辨理析事，都能繁徵博引，頭頭是道，可是教他去領馭屬員，就全無辦法，甚至連一個家庭也處理不好，遑論其他煩劇的人事。古人說：「刑於寡妻，至於兄弟，以御於家邦」，這就是說先要由小及大，要能齊家才能治國，所以我們應有自知之

十七

明，如果以過去的經驗，自認為毫無領導能力，或是雖有也是非常微小，那麼就應當從另一方面，配合自己的長處，去担任工作，那同樣也可以表現成績，獲得成功。因為「領導」——尤其是軍隊的部隊長，平時要教導部屬，戰時更要領率部隊上戰場作戰，如果沒有強大的領導能力，豈不會要白白犧牲，誤己誤人誤事，所以領導能力弱的人，最要緊的，是能虛心的接受別人的指導，而就各人之所長，盡量發揮，既不自誤，也不誤人，更不誤事。可是現在軍隊中，卻有一個普遍的毛病就是人人想当带兵官，想作部队長，在平時既不能好々的统率部队，養成良好的軍風纪，在戦場上，就不独自己要白白牺牲，還要带累别人，影響友軍，影響戦局，贻误国家大事。我從前在当师長的时候，有个学兵，他一進部队，我就認为他沒有统馭能力，只要他当文書，而他却不聽我的话，要去当带兵官，後来我就離開了部队，不知怎的，他竟做到了团長。但在东北时，他全团所有官兵，都给土匪打垮了，這是一个極明顯的例子。所以我们不能不自量度，一味想作统馭者。同時還有些人，自軍官学校畢業後，转入军事机関，作参謀幕僚人员，但是相当时期，资格高了，又转入隊

二〇

軍大學，陸大畢業後，就被派為中上級部隊長，他們平時全無統馭經驗，自己統馭能力如何，全然不知，一旦帶兵上陣自然是張皇失措，準吃敗仗了。這種專想作部隊長的觀念，實是錯誤！

四、統馭能力與職位大小無關：

至於受統馭者的多寡，與統馭者職位的高低，有時並不能以此去判定其統馭能力的大小。因為即使是統馭一個人，也要有強大的統馭能力，才能指揮如意，使人心悅誠服。所以我說：一個排長能夠好好

二一

的統馭一排人在戰場上成功或成仁，與一個最高統帥的責任，應當看作一樣的艱困。因為一個機長能夠使全機的弟兄，心悅誠服，見危授命，無所逃避，就足以證明其統馭能力強。倘使予以更高的地位，統率更多的弟兄，也必能造成更大的戰果，達成更大的任務。不過現代的戰爭，日漸科學化，戰爭智識，日益繁複深邃，不是專憑一點統馭能力所能成功，而必須有淵博的學識以相配合，所以有些人其才具的發展，到了某一階段，如連長營長或團長時，就告停止，若再予以更大的職務，其能力

二一

表現，就要差了，這是學識未能與經驗能力配合的緣故。所以英美國家的軍事教育制度，是由普通軍事學校畢業後，先下部隊中作下級幹部，經過若干時候，經驗多了，階級高了，又調回授以中級軍官應備的學識與技術，俟習相當期限，派充中級軍官，又經歷若干時候，認為其才堪造就，才又調回學習高級的學識與技術，這樣不斷的研究與充實，使學識經驗，互有長進，就自能發展無限了。

五、

對大家的希望：

大家都已經是中下級軍官佐屬了，都已經在統馭著或多或少的部屬，現在既已經相信統馭能力，可以發揮與培植，那麼各位的前程，實在不可限量。所以第一個要點，就是不要失望。要隨時隨地，測驗自己，培植自己，不斷的研究與學習，力圖發揮與促進各人的統馭能力；第二個要點，如果深知自己無此統馭能力，就要配合一己的長處，堅守崗位，努力工作，同樣

二二

二二

的過，可以表現偉大的成績，而達到個人的成功；第三個要點，就是對他人，尤其是對部下，要隨時留意，要給人以自我測驗的機會，使能利用機會以發現或發揮其能力。第四個要點就是希望大家瞭解，一定要先具有能力，才能作領袖，否則必致僨事，縱然能騙得高官，其結果亦必軍覆身亡，害己又害人，誤事誤國！

第二章 一般的統馭

第一節 事業成功的四大要素

一、領導得人：

我們做一件事，我希望他能做得成功，必定要具備四個要素，那第一就是領導者，第二是主張，第三是對象，第四是統馭機會。這裡領導得人，也就是說，要有賢明的統馭者，能得大眾的信仰，大家都甘心情願的去服從他的指揮，能夠做起事來，才不會

二三

散漫零亂，群龍無首，這樣那事業才有做成的可能。譬如辦一個學校，首先就得選出一個賢能的校長，要他能夠才德兼備，很孚眾望，那麼實使他領導全體職教員與學生，那這個學校，就自然能很快的辦成功，而且還能辦的蒸蒸日上。

二、主張正確：

我們做一件事，先要立定一個主張，才可以使人知道為什麼要做這件事，是在向着那一種目標進行。

假這一樁事的主旨何在。而這種主張，一定要是正確的，能夠顧及全盤環境，切合實際需要，而且還能夠確切認定其方以見諸實行。譬如辦一個學校，先就要瞭解當地的情形，環境幽靜，適於辦學，失學青年眾多，正在需要學校，然後就可以斷定這個學校一定可以成功。又如在中國提倡共產主義，就是不瞭解中國的國情，因中國只有大貧小貧之分，根本無所謂大地主與大資本家，中國所需的只是生產不足，而不是分配不均，中國所需要實行三民主義，以發達國家資本，以增加生產，節制私人資本以防止階級對立，如果實行共產主義的階級鬥爭，專事破壞，就可以斷定其不合國情，一定要失敗了。

三、被統馭者健全：

能統馭，當然要有對象，這種對象，就國家講，就是全體國民，就團體講，就是群眾，就部隊講，就是部屬的官兵。我們不但需要統馭者健全，而統馭的對象——即被統馭者也要健全，所以办一个学校，假使教員学生，都很優秀，自然會办得很好，如果使有学生程度不齊，或者智識水準低下，或者对学校当局缺乏確切堅定的信仰，对其信不深，團结不固，那学校也就無法一下子办好。又如統率部隊，如果士兵全是烏合之眾，沒有訓練，沒有旺盛的战鬥意志，一味的精神渙散，紀律敗壞，对於部隊長的命令，不能澈底執行，一旦驅使作戰，當然是無法在戰場上表現奇蹟的。

二之

四、運用爭取的機會：

凡做一事，一定要把握住某一恰當的機會，才能得人信仰，取得群力的合作，如果時期未熟，貿然從事，一方面準備不足，無法獲得成功，另一方面，人心不孚，反而招致無端的阻礙，增加工作進行中種種的困難，如果時期過去了，或則被別人及時取得了領導的機會，或則使事態進入了苦境，增加工作上的困難，不易獲得成功。

上述四項，關係着一切事業的成敗，必爭取其不可不細心體察，尤其要緊的，是主張正確，主張一錯，決難成功，縱使主張不錯，又當有熱忱，領導同志，同人信仰，同人擁護，同時又具有決心，非到最後主張，絕不放手，那麼無論何事，自終能達到我們所預期的目的，如果主張錯誤，違反群眾意志，自己行動不修，無法同人信仰，那結果必歸失敗無疑。

五、以抗戰勝利為例：

二八

第一、當時委員長蔣公，過去追隨 國父，從事革命，卓著勳勞，及 國父逝世而後，領導國民革命軍北伐，打倒軍閥，統一全國，建立國民政府，實施訓政建設，內以充實國防，外以抗拒強鄰，一心一德，盡瘁國事，不避怨尤，不畏艱鉅，其個人德性，精誠感召，更為全國信仰，舉世欽崇，既以七七事變而後，又從而領導抗戰，全國軍民，無不服從，這當然是領導的人了。

第二、我國受日本帝國主義者的侵略壓迫，將及已數十年，國民久想起來抗拒，尤以民國　年

二六

五九國恥而後，排日運動，從未間斷，國民心理，無時無刻不在仇恨日本帝國主義其「九一八」以後，更是舉國上下，同仇敵愾，及至蘆溝橋事起蔣委員長下定決心，宣佈抗戰，這種主張，不獨是救國家救民族，不可移易的道路，也正合乎全國人民的迫切要求，所以說是非常的正確。

第三、係中華民族，臥薪嘗膽，想雪國恥，已非一日，數十年的深仇積憤，未嘗有一時一刻稍忘於懷，犧牲抗戰，國民久具決心，所以 最高領袖委員長以前不登高一呼，宣佈抗戰，全國上下，無不信仰

二二

服從，全力以赴，雖傾家蕩產，忍飢受寒，死喪傷殘，流離轉徙，受盡百般苦楚，也毫無怨尤。這樣的人民，自然是最健全最有能耐的了。

第四、當民國二十年九一八事件發生，東三省橫被日本侵略，鯨吞，舉全國上下，無不憤慨異常，但是默察世界局勢，盱衡全國局勢，實在是抗戰的時期，尚未成熟，因為當時世界各國，準備尚未周全，還在運用外交政策，以從橫捭闔，以爭取準備時間，如捷克斯拉夫，即橫被侵占，而無可為計。再論國內情形，亦以各方面尚未澄清，西南各省潛伏的問題很多，力量未能完全集中，所以只得忍耐，及至西安事变發生，全国一致憤慨，民心大振，个々血誠擁護中央，服從□領袖，向心力量，處々可以表現，所以七七蘆溝橋事件一起，犧牲已到最後關頭，□主席就不顧一切，決心抗戰，這就是把握了最好○○的時機。

○由於上述四个要求，都已適合，而全国上下，又都有貫徹抗戰主張的最大決心，當時　最高領袖委員長爲出，以無限的赤忱，領導全国，初期戰事，雖經失敗，国

二八

府由南京退漢口，退重慶，敵人由上海而南京，而武漢，廣州以及華北各大城市，都告失守，到民國三十三年，甚至廣西南各省，兵力幾至貴陽，但我全國軍民，終能咬緊牙關，繼續抗戰，忍耐到底。其間雖經汪精衛的挑撥煽動，也不能動搖全國人民對於抗戰的勝利信心。所以結果勝利了，成功了，由此可見只要適合了四大要素，加以始終不渝的決心，則任何艱困事業終必成功。

二八

六、戡亂建國必定成功：

我國對日抗戰八年，國家不知受了多少損失，人民不知受了多少痛苦，最後終於得到了勝利，打倒了强鄰，廢除了不平等條約，國際地位，已躋於四强之列，加上接收了台灣及東三省等地的敵人建設，接收了敵人在我國所投降時的軍械彈藥，並且還得到了美國在兩洋一帶作戰的剩餘物資，原可以利用這些財物以從事復員建設，以安定民生，復興中國，不料叛國害民的中國共匪黨，稱兵作亂，以爭城掠地，魚肉人民，人民於大戰之後，需要休養生息，而共匪卻到處竄擾，以塗荼

二七

毒生靈，人民當大難之時，需要生產建設，而共匪卻刻意破壞生產，破壞建設，使全國人民陷於窮困飢餓綫上，共匪所用之蠻，殘殺劫掠，無所不為，殘酷陰狠，人世少有，其罪惡比之漢奸詭偽，抑且過之，因為漢奸是明目張胆的為虎作倀，而共匪卻是掛羊頭賣狗肉，施盡其欺騙狡詐的伎倆，共匪口稱民主，以民主中國自命，殊不知匪區人民受共匪的箝制高壓，絕不自由，痛苦萬狀，他們是一黨的極權獨裁，無自由之可言，他們施行愚民愚兵政策，限制人民兵士的行動言論，目的純在乎控制思想，以遂其獨裁專制慾望，貫而蘇聯

二十

並且大家要知道，共匪絕沒有國家民族的觀念，所謂「工人無祖國」，「無產階級無國界」，他們只知有共產主義，与共產國際首領的蘇聯，絕不知有中華民族，他們要把中華民族五千年的歷史文化拋棄，而投向蘇聯的懷抱，使中國成為蘇聯的附庸，共匪得勢，中國就要滅亡，就要受蘇聯的管理，究竟蘇聯治下的人民与國家又是怎樣的呢？我現在可以事實告訴大家，從前蘇聯軍隊与英美軍在歐洲併肩作戰時，蘇聯的士兵不許輕易与英美士兵交際与談天，否則即有生命的危險，還有德國被蘇聯管制的情形，又怎樣

三一

85

呢。德國自從投降以後，可以說甚麼東西也沒有了，在英美法蘇四國佔領之下，即成了四分五裂的局面，只有最低的下層組織，才是由德國人去做，而主權都在人家手中，誰也不會替他打算哭，尤其是蘇聯，他更進一步的德國將的機器和設備，都運到蘇聯去了，蘇聯若不多俘有二百多萬德國人，徒步走到西伯利亞去作苦工，打入天牢，永遠也不能回國，那就等於是我國古時的充軍一樣，誰都說德國永遠不會抬頭，因為他已是無頭可抬了，整個民族的經濟文化，都已經是徹底的被毀滅這都是我到歐洲去觀光見的實際情形，由此可見

三〇

現在亡國，是永無翻身的餘地，而共匪却要對這整个的國家民族，雙手奉送與蘇聯，而自甘作為蘇聯國內的一分子，有些不明白我國情形的外國人，還誤認我國的戡亂戰爭，是國民黨與共產黨之爭，甚至還瞎說是農民與官吏之爭，直到最近，他們已經明白了，鐵的事實，已經表現出來，這不是政黨的權勢之爭，不是思想上的信仰之爭，更不是甚麼社會階層之爭，而完完全全是民主與獨裁之爭，是和平與暴力之爭，是為了解除人民的痛苦，為了拯救國家民族的危亡，為了爭取中華民族的永久生存，為了保護全

三一

三一

國善良人民的生命，才剿匪，才戡亂，如果不剷除中國共產匪黨，則國家民族，就要滅亡，永無翻身之日，現在還有些意志薄弱的青年，因為不滿意現實，反對政治上的貪污風氣，也竟不明共匪的罪惡，而作一種錯誤的想法，但我們一定要明白政治固然應當改革，但不能因為改革政治而忽視國家民族的存亡問題，要知道共匪是背逆國家民族的叛逆，共匪得勢，則我國家民族要陷入萬劫不復之境，我們軍人以保國衛民為天職，如果現在不能起而挽救危亡，戡平匪亂，重建國本，不但對不起國家，對不起全國同胞，更對不起數十年跟隨革命締造民國的先烈，與八年抗戰流血流汗的同胞，並且根據抗戰勝利之例，可以斷言，此次戡亂建國，一定成功。因為領導者仍是：英明的最高領袖，主張是為了救民救國，拯救民族的危亡，是絕對正確的。全國軍民已是萬眾一心，協力戡亂，支援戰士也絕對健全，同時世界風雲日益緊迫，世界大戰的序幕，業已展開，不出三五年，世界必定發生大戰，而現在的兩大壁壘的神經戰，宣傳戰，冷戰，都是在爭取準備時間，爭取戰略據點，所以這是我國家中國刻不容緩的緊急關頭，因我們中國軍人，天職所在，應有站在國防的最前綫，站在世界大戰的

三一　頁首

三一、增補

第一陣線上，以抵抗極權主義，爭取民主自由，惟有堅守
國家民族的立場，民主自由的信仰，以本團共識，為世
界民主而奮鬥，為救國家民族，救人民而奮鬥，只要決
心堅定，不畏艱苦，則按之實例，衡之情勢，絕對可以
斷言，戰勝是圖，必定成功。

第二節　一般統馭者應有的品質

一、體力及精神強健：

大家都曉得，一個人最緊要的，就是身體，身體不行，一切都完了，根本談不上甚麼事業的建樹，所以身體是我們的第一本錢，是一切事業成功最基本的先決條件，所謂有一分身體，才有一分精神，有一分精神，才有一分事業，試看歷史上古今中外的英雄豪傑，以及歷代成功的偉人，無不是精力過人，才能創建出偉大的事業，因為一個統馭者，一方面自己個人的日常

三二

工作，应当處理妥帖，以期以身作則，為部屬的模範；一方面对人对事，都要面面週到，庶几不會差错，所以一定要体力强健，精神旺盛，才能應付那種煩劇的工作，而處措裕如。假使身体孱弱，精神委靡，則對平常工作，都感無法應付，更何能談到特為表現成績，与創建偉大的事業！至於強健体力的及精神的養成，則一方面在於注意保養，不事斵喪，尤其在青年發育時期，更應當合乎它把握保養的方法，才會從生受用不盡，另一方面則要隨时鍛鍊，注意運動，而又能持之以恆，不稍間斷，這樣，就是體質本來弱的，也可以逐漸增強，而歷久不衰。

二、優良品德：

所謂品德，是內在的，是一個人立身處世的根本，好像一部機器的原動力，一切機件的推動，都依賴着這種原動力量。究竟優良的品德是些甚麼呢？ 國父所提倡的八德——忠孝仁愛信義和平——，古人所提倡的四維——禮義廉恥，軍人所崇信的五德——智信仁勇嚴。這都是一般統馭者所應有的品德。在這些德行

三三

當中，經我總合思維，覺得可以提出四個字，而包括一切，那就是「義勇忠誠」四字。而「誠」字，更為一切品德之源。古人說「不誠無物」，「誠」的工夫越做得充分切實，事業的成就，也就越大。要知道「推誠相見」，百事可成，權術欺詐，終歸失敗。因為權術可欺朦於一時，決不能欺朦於久，一事或可以權術成功，決不能百事都能以權術成功，一旦欺詐敗露，必定前功盡棄。所以待人接物，「相見以誠」，表面上是最老實的辦法，其實卻是最聰明的辦法，遇事欺詐，以圖僥倖，表面上是自作聰明

三二

的說法，其實是只取愚蠢的辦法。至於「義」，是「事之宜也」。凡事求一個恰當的道理，絕不胡作亂為，待人要有「義氣」，絕不忘恩負「義」。「勇」是「勇敢」，「勇於做事」，「勇於負責」，有決心，有魄力，不畏艱，不退縮，「忠」是敢作敢為，死而無悔。「忠」是「忠貞不二」，執行任務，貫徹指令，且要忠於人，忠於事，忠於職責，忠於國家，忠於長官。本人具備這四十年來，絕未失敗的道理、「誠」就是「坦坦白白至公無私」，此理「誠則明」，絕無欺詐暗昧。一個人具備了這四個品德，絕無失敗的道理。反之，僅憑僥倖暫時成

三八

的結果終是失敗，譬如汪精衛，叛黨即為不義，不敢直言、廢公開批評政治，即為無勇，對國家不忠，待人更是不誠，所以到頭來失敗了。

三、智慧：

所謂智慧，簡單的說，「智」是「智識」，「慧」是「明敏」，但智慧與聰明，卻不是一樣的，智慧是由於後天的培養、學習別人的經驗教訓，以及平日多閱讀書籍，修養培植而成，所以智慧多半是從學問中經驗得來，而聰明則多半是天賦的本能。我們常常聰明，是無

濟於事。有時正以其自認聰明，卻是非常錯誤的
譬如捨己救人，於自己無益，甚至還要蒙受莫大的
損害，這實是一種帶有傻氣的行為，這就是有智慧
的人時常做，而自恃聰明的人所不做的，因為聰明的人分
析利害過精，乃至利令智昏，結果終歸失敗。所以
徒有聰明，一定會自誤，一定會失敗，而智慧過人者
則絕不吃虧。因為我們有了過人的智慧，對事情就
能分析判斷清楚，對人就能認識清楚，判斷清
楚，處事就不會錯誤，認識清楚，用人就不會錯誤，
用人處事適當，一切自然容易成功。至於謀略智

二一二

慧，一面固然要努力讀書，除了讀四書五經，就可以懂得很多待人處事的道理，讀古今人物傳記，就可以學習很多待人處事的方法。古人說「學以長智」，那是確切不錯的。此外，還要一面隨時隨地留心體察一切人情世故，注意社會政治的變態，留意別人待人接物的道理，要從別人的經驗中去詳加體會學習，拿破崙說：

『智慧的人，以別人的經驗，作為自己的經驗，只有笨人，才以自己的經驗作經驗。』

至於連自己的經驗，還不去發覺的，那更是愚不

三五

可及，卑不足道了。有智慧的人，平日學習認真，研究透澈，對於事理，看的明白，想的清楚，所以判斷能夠正確，才不會走錯路道，否則一個統馭者，尤其是軍隊的統馭者，一舉一動，關係重大，多少生命，握在一人手中，多少人的禍福，決於一人心裡，假如智慧不足判斷錯誤，處置錯誤，那才誤事不小，害人不淺哩！

四、熱忱：

世界上無論是有機的生物，或無機的機械，凡能發生力量的，一定都有熱，例如汽車必須靠著汽油燃燒

三八

生熱膨脹，才有力推動机器，火車輪船，也莫不是利用熱量而推動前進。即是一个人，也要吃了飯，吸收了養分，經過氧化作用，然後產生熱量，增加体溫，然後才可以行動自如。至於一个人的處世待人，如果沒有熱忱，好像冰窖裡的一樣，冷酷無情，不但在社會上人家对你一定會「敬而遠之」，不敢親近，因而交不到朋友，甚至連自己家裡的人，也會对你視同陌路。這樣就一定不能得到別人的死力，所以你們要以十分的熱忱对人，人家才會以同樣的熱忱对你，一定先要能够与別人熱忱相處，然後才能談到「推心置腹」「相見以誠」，尤其

三六

一个統馭者，要熱忱對人，熱忱對事，平日習慣如此，則僚佐部隊，部下一定能够努力以赴，否則他會覺得對不起長官的熱忱，一旦有特殊事故發生，更將為長官平日的熱忱所感召，而能不顧死生，拚命以赴，這樣就會有「親上死長」的偉績表現出來，所謂熱忱，是要從內心裡發出來的一種真情摯意，是一種真誠的表現，很自然的流露出來的，並不是虛偽的故意的造作，裝模作樣所能表現出的，只有真誠的熱忱，才能引動別人心悅誠服的跟隨著你。

三七

五、和藹可親：

所謂和藹，是一種虛懷若谷，謙讓有禮，誠摯可親的態度，在任何情形之下，都不厭煩，但也不是婆婆媽媽式的瑣瑣碎碎，糾纏不清，而是當嚴肅的時候，應當嚴肅，要不苟言笑，沈重有儀，當和藹的時候，要平易近人，使別人對你產生好感，這樣人家才會親近你，甚至傾心吐膽，將其秘密也告訴你，例如我們現在一個部隊長，在操場上，在課堂上，就要像個老師，像個官長，不能隨隨便便；但在下

三七

了操課以後，就要和藹如慈母，部屬有病痛時，應當去照顧，有失意事情，應當去安慰，有困難時，應當設法替他解決。這樣就自能得人心服。不過無論嚴肅與和藹，都要出乎自然，不能裝模作樣，所謂出乎自然，就是出之以誠，不虛偽的矯揉造作，因為虛偽是收不到效果的。

六、剛正無私：

「剛」是「剛陽」，就是不陰柔懦怯，「正」是「公正」不偏頗，存私，就是說，一切事情，都要按照規定，合理的去辦理，

三八

既不能苟且偷安，畏怯不前，而敷衍塞責；也不能只顧个人感情，只计个人利害，而有損公正態度，甚至妨害公共利益。一个統馭者，假使存了私心，不僅統馭一般部屬时，不能得人心服，就是父母之对子女一旦有了私心，也会管不好自己的子女，譬如一对夫婦，生三个兒子，他们若不喜歡大兒次兒，而只喜歡最小的一个，到将来長大成人，三兄弟之間，一定不得和睦，因為大次兒妒忌着小弟弟独邀父母寵愛，於心不服，甚至仇恨報復，釀成家庭慘劇，同时大次兩兒对於父母的偏愛弟弟，心有不平，絕不會先盡孝道，就必然的潛伏着無法消釋的家庭悲哀，以父母之对子女，有着骨肉哺養之親，尚且不能偏私，更何況社會團體，政治机関，国家軍隊之間，由此可見一个統馭者，对事对人，都要剛陽正大，不能偏私，也就是說，要坦白光明，不陰謀鬼祟，諸事一本大公，絕無私見，私利存乎其間，這樣就自然可以服眾，可以得人信仰。

七、技術精通：

所之所謂技術精通，並不是說一个人須要樣樣能，當然

三七

三九

能做各方面常識豐富，技術上都能略窺門徑，自己在統馭能力上，表現得多才多藝，足以服人，但以學問之海浩博無涯，尤以現代科學進步，非屬專家，無從得其奧義，所以求一個統馭者對於各種技術皆能齊備，自是不可能的事實，但最低限度，对本職上的技術，應當精通，即是對於本行的技術，應當精通，亦即是「要內行」，才能領導「內行」，因為一個統馭者，指揮部屬做事，或糾正其動作錯誤，一定要对於那些事情（哪些動作），統馭者本人，能做得很好，可以示範，一切都可以真正站在領導的地位，這樣別人使別人無攻擊的瑕疵，這樣別人就非心悅誠服不可。譬如一個球隊長，自己球術不好，就無法指揮球員，一個總工程師，不懂工程，就無法指出工程進行上的錯誤，無法指揮所屬的工程師，又如一個班長，無論操場野外，各種術科學科都好，才能領導這一班的弟兄，所以無論或大或小的統馭者，其本身的學問技術，一定要勝過部屬才行，現在我們常有外行人去做內行的事，不獨事倍功半，甚至全盤失敗，但所謂技術，我們更應該從最基本最細微的動作做起，這樣就能很切實的作為部下，我現在所以要大家學習各種基本動作，目的就是培養各位的信心，促使技術精通，將來領導部隊，無論那一方面，一定說得出也做得出，所謂「言必行，行必果」絕不是只說不做，空口放大砲的空頭領導者。

八、果斷：

有了上述七種品質，而不能果斷，仍是不行，不能作一个好的領導者，因為處置一切事務，假使沒有主意，不能當机立斷，那就只能作幕僚，把意見供獻給別人了，從古至今有多少只能作助手而不能作領袖的人，其原因即在乎此，所以事業成功的先決条件，就是要能果斷，遇事猶豫不決，畏首畏尾，最是壞事。尤其是一個統馭者，雖然幕僚的計劃詳盡，但最後仍須要自己去決定，而且要迅速果敢的決定，以爭取時間，時間有時是成敗決定的因素，如果錯過時間，也許會「為山九仞而功虧一簣」，我們常見有一些人，學問很好，能力很強，遇事最多辦法，但只有一個缺點，就是優柔寡斷，自己無法決定他的辦法，結果仍是不能成功。我們要能果斷，就得決心強，有魄力，有勇氣去果斷一切。從前唐朝有名

四一

的宰相，房玄齡杜如晦，那房玄齡謀略多，卻有賴於杜如晦的決斷，於是房謀杜斷，相得益彰，就造成了唐代「貞觀之治」。我們對於一件事，如果決斷錯了，只要決心強，繼續做下去，仍有成功的希望，如果猶豫不決，進退失據，那就只有失敗，絕不會成功。現在有許多部隊，在戰場上失敗，就在於猶疑不決，坐失時機，如吳子說：

「用兵之害，猶豫最大；三軍之災，生於狐疑」

（吳子治兵第三）

武四之六四頁

因為軍隊的從事，更需要能當機立斷，否則在打使的時候，勝敗之机，決於俄頃，如果沒有堅強的果斷，就非吃敗仗不可。

九、結論：

上面所講的八項，都是普通一般的統馭者所必須具備的品質，有了上述八項品質，即是說，每一項都能「身体力行」，於是無形之中，就要發生一種力量，吸引得他人很自然的信仰你，崇拜你，進而甘心服從你，願意接受你的指揮，這就是由信仰你，而產生出的力量，因受感化而跟着你走，決不是蠻幹，拿權位勢力金錢，而強迫或引誘他人去做，真如磁石的吸引鋼針一般，產生出宇宙間一種很自然的性能，這些都是要自己真誠的做出來，有確切的事實表現，他人才能篤信不疑，決不是模仿造作，因虛偽而苟得的，現在有許多人言行不一致，口頭的是一套，但做出來的往往又是另外一套，這樣必不能得人信仰，更何從產生吸引力量，從前耶穌被釘在十字架上，宛轉痛苦，而不能速死，門徒見了不忍，想進麻醉藥以減少他臨死前的痛苦，耶穌卻拒絕他們，說：「我如此受苦，正所以救人！」我們一定要有這種接受痛苦的精神，才可以感召別人，才可以發

四二

生真正的吸引力。試看第二次世界大戰前的墨索里尼，一味的裝模作樣欺騙國民，其實他是一個最膽小，不識犧牲，喜用權術的人，到了最危險的時候，不能置死生於度外，反而想逃跑，結果由其本部份的人，將他捉了，打死，還倒綁了示眾，此即所謂紙老虎，戳穿了全無一物，更何能發生真實的吸引力。所以只有統馭者本身健全，才會產生真的統馭力量，只有樹立了信仰，產生了吸引力量，而發生緊急關頭，部下才會有堅定的向心力，而不為任何其他誘引而動搖，否則一遇變亂，部下就都要離心而散了。

五三

第三章 軍隊的統馭

第一節 軍隊統馭的特點

一、與一般統馭不同：

軍隊的統馭，比較一般的統馭，是要更進一層的，因為他種統馭，只要被統馭者心悅誠服，聽指揮，肯努力，盡到了他最大的能力，就算完成了最大的責任，可是軍隊的統馭，就與此不同，非但要盡到了最大的力量，並且還要使被統馭者能貢獻他唯一的寶貴生命、學習和各學校，只要使教師們能按時用心上課，把學生帶好，使校務蒸蒸日上，就算是盡了最大的力量，亦即是盡了最大的責任，而主持學校者算是統馭有方了。他沒有要教師們積勞致死的道理。但是統馭軍隊的目的，在於作戰，而戰場上的獲得光榮，他在乎士卒能不畏艱危，奮勇殺敵，那最後關頭，不惜犧牲性命，以爭取勝利。必要能拚性命，才是算盡了力量，完了責任。這還不是比較一般的統馭，要更進一步的艱難嗎？所以軍隊的統馭，是要使大家共死生，同患難，甚至要求其遠較一般的悅服為大。不過有的人說，軍人是以絕對服從為天職，如果叫人去犧牲，只要下一個命令就行了，但是大家要知道，在千鈞一髮的戰場上，勝敗之機，決於俄頃，在那最緊要關頭，不一定是「命令」兩字，可以生效，假使平日悅服無方，不得士兵悅服，一旦不肯服從命令，全盤戰局，已經壞了，就是再來制裁，不是已經遲了嗎？所以軍隊的悅服，是要靠一種特殊的力量，這種力量便靠悅服者具有特殊的品德才能，平日領導有方治理得法，使人心悅誠服，雖赴湯蹈火，在所不辭。曾文正公說：

四五

曾胡治兵語錄第一章（第一頁）

曰：帶兵之人，第一要才堪治民，也就是說，~~要本日治理的法~~，治兵之人，要與治民之官一般，每日清廉正直，愛民如子，然後百姓愛戴其官長，如子女之愛父母，為了父母，雖粉身碎骨，死而無悔，

孫子也說：

曰：道者，令民與上同意，可與之死，可與之生，而不畏危也（孫子一章）

這意思就是說，治兵之道，在於使其屬下，與長官一心一德，同死同生，雖有危難，而不畏懼，所以軍隊的統馭者，最重要的在於如何使部下能同生共死，在戰場上收到「親上死長」的效果。

二、嚴格要求：

○軍隊的統馭，不独比較一般的統馭，要進一層的艱難，而且对於統馭的要求，要特別的嚴格，因為軍隊中的一切行為，多是違反人性的，譬如人性都是好逸惡勞，而軍隊則日操夜練，注重的是耐勞吃苦；人性大都貪生畏死，而軍隊作戰，明明是犧牲生命去爭取勝利；人性大都愛其家庭，希望常有天倫之樂，而軍隊則多是離鄉背井，拋妻別子，遠赴邊疆防

口八

家人性都是愛好自由，而軍隊則是注重團體，注重紀律，限制了很多的个人自由；凡人性其所好，則易為功，反其所好，則難為力，所以為要達成這種組織的軍隊從事的任務，就要嚴格要求，從嚴格的訓練中鍛鍊出來，使其一切成為自然習慣，雖反人性，而不覺其苦。

二十

但所謂嚴格要求，也不是朝打夕罵，橫蠻虐待，而在於「一步不放鬆」，要使其朝濡夕染，隨時隨地管着，以養成很自然的習慣，曾文正公說：

「愛人之道，以嚴為主，寬則心弛而氣浮。」

曾胡治兵語錄第八章
（第二一八頁）

所以家長對子弟要嚴，才出好子弟；師長對學生要嚴，才出好學生；部隊長對部隊要嚴，才有好部隊；所謂「棒頭出孝子，溺愛出忤逆」（西諺也說：「毀了棍子，即毀了小孩」）。記得我小時親眼看過一樁這樣的事：

「那是一個上午，忽從街上來了一隊軍人，荷槍實彈，押着一輛大木車，前面有兩個人吹洋號，兩個人肩着明幌幌的大刀，真是威風凜凜，殺氣騰騰。那車上綁着一個犯人，雙手反縛，背上還插着一張紙標，那犯人滿面通紅，是飲過酒的模樣，正在車上大罵大哭，及至一陣他罵的語句，却是罵他的父

四一

四十

母，說是他家境很好，小時父母驕養，平日管教不嚴，一任他胡作亂為，以致吃喝嫖賭，件件俱全，從未家塾讀書，本領全無，於是為非作歹，流為匪盜，今日破案，就被判處死刑，他覺得現在快遭殺身之禍，全是小時父母管教不嚴所致，所以奉勸天下做父母的，要對子女嚴加管束，以免結果像他一樣，最後還說甚麼再過一十八年，又是一條好漢，一定要從新做人。」

○○

○由此可見，「養不教，父之過，教不嚴，師之惰。」父母平日驕縱兒子，到結果被殺，還會要埋怨父母的，在家的家例，還有過一樁這樣的事：

「有某人，父親早死，母親十九歲就守寡，因此溺愛兒子，諸事隨他去做，結果這兒子嫖賭放浪，無所不為，賭輸了，嫖完了，就向母親要錢，有一天那母親因為家產已完，手頭實在拿不出錢，那兒子反說母親隱錢不給，就拿刀殺母，那母親嚇得跑到娘家的家中，向娘家的父親哭訴，才深悔平日驕養兒子的錯誤」

所以古時孟母三遷，岳母在岳飛背上刺字，以及戲中的三娘斷機教子，都是嚴以教子的好榜樣。清朝的李鴻章，父親早死，母教極嚴，所以終成大器，後來做到一品大員，有時仍要跪於母前受教，就可想見其家教之嚴了。從前罵人，動輒說「無家教」，因為當時一个人的成器与否，全視其家教好壞而定，現在六歲入小學，甚至四歲即入幼稚園，故家庭教育為學校教育，亦即是移為國家教育，照理應當嚴格教導，因為學校教育甚合古人易子而教的道理，可免去溺愛驕縱的習慣，可是近年學校風紀鬆弛，甚至先生怕學生，而學生竟踢死先生，毆打先生，趕走先生，先生考試不通融，就要槍殺先生的事，都已見之報章，寧非怪事！我們要知道，先生對於學生，固於教授法上固然應當注重啟發，誘導，不可灌教，但是先生一定要認真的教導，不能不教，讓他們變壞，更不能哄騙學生，帶着帶壞學生，所以我說，現在人心太壞，社會環境不良，生活痛苦，雖然是很大的原因，但學校管教不嚴，教育風氣不良，亦未始非原因之一。

至於現在的軍隊，也同樣有這種壞的風氣所傳染，大家都是驕惰，執行命令不嚴厲，所以我們倡導的六戒中，有「戒驕惰」一項，我們無論是訓練部隊，帶領部隊，或指揮部隊，一定要嚴格要求，命令

口乙

澈底，動作確實，平日一步也不放鬆，這是軍隊從嚴格，所應特為注意的。

三、我的經驗：

上面曾說到學校教育，應當嚴格，我現在將我的一生，所受的嚴格教育的情形，分別的說給大家聽，藉以供作參考：

○小家塾時代——我六歲入家塾，起居飲食，與先生

○住一起，都有一定的規矩。同時我的父親，管教極嚴，對

四十

子女的时，即加管束，所谓「坐有坐样，站有站样」，他不许随便，尤其不准子女说谎、骂人，如果犯了，就要撕破口，不至滴血不止，记得我与弟弟入塾開蒙时，父親常带着我们進了讀書房，他先向孔子像行三跪九叩禮，又向先生深深一揖，將一根兩寸見方的木戒尺，双手奉与先生，意思就是要請先生对於子弟嚴格的管教成人，那先生教書很認真，脾氣也很躁，有一次，先生有事要告假外出，交點好学生應讀的課卷，及至先生出去以後，真所謂「先生不在家，学生满牆爬」，大家只顧遊耍，全不讀書，等到

五八、

先生歸來，弟弟背書不出，一味左右搖擺，信口胡唸，先生動氣，拿着戒尺照着我的弟弟頭上一下打來，登時鮮血直冒，濺在牆壁上掛的地圖上，至今那地圖還在保存着，當時先生一見我的弟弟滿頭是血，也似乎覺得很難過，而我的父親從外面跑進來，連說「打得好，打得好」向先生恭敬一揖，他沒有責怪先生的意思，以父母愛子之心，見兒子打得頭破血流，焉有不疼心的道理，只因為這種打罵，目的他在乎管教成人，所以不但不責怪先生，反而十分感謝。那时先生吃的東西，比我們家裡自己吃的要好，凡有甚麼好吃東西，總要先去孝奉先生，意思究其緣故，就是希望先生對我們嚴加管教。

〈2〉

清華時代：——我十三歲去投考清華的中學部，那時是四省初試，我本省投考的有幾千人，名額只取三四人，結果我考上了，再到北平複試，也被取錄。記得上學的那一天，父親帶我去見周校長詒春寄梅先生，父親對校長說：「我這兒子交給校長，請校長看作自己的兒子一樣，嚴加管教。」當時有一個齋務主任，姓陳，外號陳胖子，對學生一切，管

三一

理極嚴，學生入校後，照慣例要將所帶的錢，全部交存稽務主任，以後每週的零用，再向稽務主任去領取，化掉一个，都要記賬，註明用途，一筆一筆，記得清清楚楚，如果查出口袋裡有錢，而不是由學稽務主任處領取的，就要開除，這當然是教學生撙節零用。並且無論是吃飯，睡覺，上課，遊戲，稽務主任陳胖子都隨時來看，當時我們真覺得陳胖子有分身法的一般，一舉一動，都被他看到了，甚至是一步也不放鬆，我們每人有一學號，我的學號是一百七十一號，陳胖子連姓名帶學號記的很清楚這学號確定後、無論坐位、寢室、食堂、以及衣物都記着一七一、陳胖子連姓名帶號碼、記得很清楚、有時晚上就寢後說話、陳胖子就在暗中查察、發覺了、就喊「某某號、明天幾時來辦公室」、第二天一定要到辦公室去聽候訓斥、或者還會教你跪着唸完一本論語、但是学生都敬謹遵從、絕沒有人反抗一句話、直到抗戰前一年、那是我留学回国已很久了、見着陳胖子、仍是照舊的必恭必敬、我自己也不知是為了什麼、只覺得對他非如此恭敬不可、而他也仍舊可以直呼我是一百七十一號、由此可見只要先生愛惜學生，認真管教學生，不欺騙學生，從此非常嚴格，學生仍是恭敬先生，並且越是管得嚴的先生，學生長大後，對他越恭敬，而是現在的一般學校中，先生管學生之不認真，不嚴格，於是學生打先生，趕走先生甚至殺先生的事，時有所聞，風氣之壞，於此已極，殊不知教育是國家新生的基礎，國家的盛衰，與教育關係，至為密切，俾士麥說：「德國之強，應歸功於小學教師」，日本的明治維新成功，小學教師的功勞也很大。我們的國家，現在雖然很混亂，只要下一代是好的，仍然是有辦法的，如果下一代不好，

五二

那就真是危險極了，所以不但軍隊裡一切要嚴格要求，就是普通學校裡，也要嚴格要求，才能培植出下一代的中堅份子。

○(3)普渡大學時代——清華大學畢業以後，

○○因為父親看到當時的北洋軍閥，割據地盤，誤國害民，全無好處，所以絕不許我學軍事，如果你一定要學軍事，父親就不認我作兒子，你因為遵從父親的意見，就到美國普渡大學去學工程，誰都知道，美國是個民主先進國家，是極端提倡自

三三

由的，可是他們的民主，是有法則，他們的自由，是有範圍，他們的學校裡，仍是尊師長，重秩序，絕不侈談民主與自由，不像我國現在的學校裡，以民主的口號來反抗學校當局與侮辱師長，以自由的口號來觸犯學校規則與國家法令，學生佔座位，佔桌子，每人都有一定的座次與寬度，這些即不得自由，這是極合理的事，何能藉自由二字而胡作亂為，所以美國雖極端自由，一切仍在法律範圍以內，尤其在學校中，在軍隊裡，絕對守秩序，有紀律。我在普渡大學時，先生講的，即是命令，必得遵從，絕不反抗

五三

學生有在課堂睡覺的，先生即開門教他出去，而學生也絕不反抗，有一次，上微積分課，那位教授是六十五歲的老頭子，脾氣卻非常的壞，每堂課前十分鐘，指定學生在黑板上做題目，那次一個學生，做了十分鐘，一點也沒有做出，老頭子氣急了，走過去抓住他的頭，重重地在牆壁上撞了三下，撞得那學生面紅耳赤，而全体同學，視為當然，絕不起哄，所以民主先進國家，對於先生，仍是服從，對於學生管理，仍是嚴格。

記得我從前當陸軍總團長時，兼任當地的僑請區主任，有一個清華大學剛畢業的學生，他的舅父是我的先生，他舅父就介紹他到我那兒工作，我問他願作何事，他說願作政工，因即派為上尉，在政工隊服務，及至我們出發要到國外去作戰時，他忽然辭職，問他辭職的原因，他說在當地的報館裏兼做記者，不能離開那地方，我又責問他為何要兼職，他反而說：「你總司令又為何兼經理主任？」我說：「這是上面的命令，那你又奉誰的命令兼記者呢？」他竟然說：「將一個大學畢業生，不能只拿一點點上尉薪水，所以要兼職。」意思好像說，大學畢業生應當多拿

二五四

錢，多享福，殊不知正因為讀過大學多受了國家的培植，應當多效力於國家，何能臨事退縮逃避責任，只圖个人的陞官發財，這就是因為近年來教育風氣不好，未能嚴格管教，以致教出來的青年，思想不健全，意以陞官發財爭錢享福為大學畢業生本分應有之事並且我國一向對於讀書人看得很高，甚至說萬般皆下品，惟有讀書高，於是讀書的人覺得普天之下，惟我獨尊，只圖个人的享受，不問國家民族的存亡，似乎不忠不義之事

三三

當真恬不知恥，像汪精衛陳公博之流何嘗不是書讀得很好的，我還記得明朝有一個

○○故事，我也可以告訴大家：

○○○「那是福建曾石倉先生的故事，曾先生辭官歸里，一天閒行街巷，見一故酒店，柴門不正，卻貼上一幅很有意思的對聯，是

○○○○「仗義半從屠狗輩，負心多是讀書人」

曾先生覺得太奇怪，就進去看看，只見堂中還有一幅對聯是

「金殿兩千酬漂母　鞭屍六百撻平王」

曹先生看之大驚，覺得此人不凡，接着主人出來，問知姓名叫徐五，兩人談得非常投機，就相結為朋友，後來甲申之變，崇禎帝吊死了，徐五聞訊，就拿

○○○隻鷄斗酒到曹先生家，一見曹先生，驚說：

○○○○○「我以為先生就義了，所以拿此來祭，卻原來還在呀！」

歎惜而去，曹先生覺得慚愧，於是殉節了，而徐五也隨後素衣素冠投水而死，

○○由這段事看來，讀書人不知廉恥，不顧氣節，真是不如殺豬屠狗之輩了。

○〈此〉維勁利亞軍校時代——普渡大學畢業後

云云　留白

五五增補

○○我又找到一个机會，考入美国維勁利亞軍校，改学陸軍。我的何以改学陸軍，以及在軍校的一切情形，也可以告訴大家：

○○〈A〉学陸軍的動機——前面已經說過，我

○○○的父親，見我幼時懦弱，一貫的就主張我学醫，而我却不願意，只想学陸軍。後来雖然改学工程，仍是我的素志，至於說到我所以有学陸軍的抱負，其動机還是發自我很小的时候，還只有九歲，大約那是宣統三年，我当时住在青島，而青島当时，德国人的勢燄很大，把中国人看得連狗還不如。一天早上我到海邊去玩，那海邊有一種有色的石子一

般人常撿了田去養水仙花，那天，我尋得了一塊红色的，很是好看，當然以小孩子的心境，真歡喜得如獲至寶，不料旁邊有一德國小孩，他也在尋石子，見我得了一塊好看的，就向我要，我不肯，那德國小孩大失望得哭了，接後來了一个德國大人，不問是非，就從我的手中搶去那塊红花石子，給与德國小孩，並打我一把耳光，牽着小孩，揚長而去，當时我雖然年紀小，就已經深深地感覺到中國太弱，中國人太受欺，我將來非爭氣不可，當時我受了耳光，雖不敢告訴家裡父母，但我的

五一

三六

心裡，就已經種下了決心學軍事，以期將來獻身國家，為國家爭光榮，爭地位的志願，一直到我長大了，由中學而大學，而留學外國，這志願始終不變，但我卻不是想陞官發財，做軍閥，耀武揚威，像項羽一樣，看了秦始皇的出巡威勢，就說「彼可取而代也」，那全是一種個人煊赫的英雄主義，並沒有為人民復仇，為國家爭氣的思想。但因為父親反對我學陸軍，只得順從，及至去美國，工程學位已經取得，就偷偷地向大使館請求，想去進軍校，當時我已在一個橋梁公司中實習，實習費每月子乃一百六十美元，再加公费每月八十元，就给優厚，生活舒服，汽車也買了，實習了大约一个月的工夫，在星期六那天，接到了大使館的通知，中國政府已批准我特入軍校，立即拍賣掉我新買的汽車，槍與自行李在星期日就趕到維勁利亞軍校去報到，而我自幼即立決心學陸軍的志願，才算實現。

〈B〉初入軍校的情形——維勁利亞軍校，在美國南部，與北部的西點軍校齊名，因為美國的南北戰爭，北方勝利，所以西點就成為國立，而維勁利亞只成为少有立、這学校有百多年的歷史，他有其傳統的風氣，即新生入校後要受極嚴格的管教，而管理的習慣，是以老生來管新生，所以竟以打人最兇而聞名世界，但聽說近年來也稍有改進，昔日亦跑到維勁利亞去訪問，因為是星期日，無人辦公，不能參觀，就由老生服勤務的值星官，帶着去見一個中國学生，意思是教我暫时在他那兒住一夜，我心裡想異國遇同鄉，多少會感到親切，那知他一見我的面，問明了來意，就破

五七

一

口大罵，說我既有工程学位，已經受了国家的培
植，為何還要跑進軍校，佔去別人的一个学習
机會，接着又恐嚇我說：「你吃得了苦嗎？将
来一定會要被他們打死，縱然不被打死，也會要
犯不名譽事件而被開除。」我說「打人的事
情形，我早已聞名，我是準備着吃苦背打
才来的，但什麽叫不名譽事件而被開除呢？」
他說「既然偷东西，說謊話，就是不名譽事件。」
我說「我是為求軍事智識而来，並不是來
偷东西的，並且我平生也從不說謊話，這个[illegible]

三八

你放心好了」！總之他是多方的阻止恐嚇，希望我不進那個軍校，後來我才明白他的意思，因為他是一個華僑，不明白中國情形，以為在美中國國維勁利亞軍校學習的只有他一人，將來回國不是可以居奇自炫嗎，現在我去了，有了第二個人，就減少了他的重要性。其實他才是錯誤的想法，以中國之大，軍隊之眾，多一個人有什麼關係，何況多一個幫手，不更好嗎，當日我被他嘮叨得太多了，就堅決的說「我來了，決不走，就是死，也要死在這邊」。他見我如此，只得說「好吧，晚上你仔

二八

細的想清楚再說」第二天早上，他一醒來，就問我「昨晚上想清楚了沒有？」我說「想清楚了，我決定報到」這樣，他也沒有辦法，沒來還鼓勵着別人來看待我，這真是個可笑的小心眼兒，雖說沒來他回國在軍隊中幹了一陣也沒有什麼，現在做生意去了。

第二天上午，有兩個衛兵，那是三年級同學擔任的，引着我去報到。當時我全是老百姓打扮，他們問知我是大學畢業生，對我頗為恭敬，我覺得這還不壞，誰知一經辦好登記手續，穿上了

三九

軍裝，他兩人就變了樣，在彖背上重重地一拍說：「你現在已經不是老百姓了。」教彖將下顎收起，要成七道皺紋，頭部豎起，兩眼平視，胸膛挺起，雙手彎下垂，背脚骨併緊，要成一根直木頭一般，真有如上了鐐銬，絕不許亂動，走路要成直線，轉彎要成直角，假如不是如此，幾百老兵，人人都可以打你，這些動作姿式，隨無所謂課目教導與學習，就在這眾目睽睽，人人可打你的情形下，很短的時間內，就要使你養成很自我的習慣。

五十

○○（七）老鼠生活——維多利亞軍校，對於新生流行
○○○着一个特別的名詞，就是大家都叫新生為老鼠
文字、這就表明新生為老鼠，老生為貓，貓隨時
可以捕捉老鼠，老鼠了它要怕貓，當時我是新
生，當然也就是老鼠之一了。那个學校，每天集合
的次數非常多，如早晚點名，出操吃飯，都要
集合，而新生一定要每次在老生未到之前集
合好，尤其早上起床，要在起床號未叫以前
起床，整好內務，整好服裝，照々鏡子，一切清楚，
[redacted]
及至起床號一叫，就要趕緊站隊，老生開始

合隊才站隊，老生時刻在檢查新生的一切，服裝和扣子是否完整，鬍鬚刮了沒有，皮鞋要擦得像鏡子一樣發亮，站隊更應當切合基本姿式的要領，稍有錯誤，就是一拳，這是他們固有的風氣，百多年來，一向就是如此，他們的操典，不注重正步，只有齊步，但齊步是沒有距離的，前行的臀部緊貼著後行的腹部，一聲口令下來，非得一齊出腿不可，並且新舊生前後間著站的，腳步稍錯誤，不是踢著前面的，就是踏著後面的，那然非遵行不可了。然是一个人走路，也得挺胸正頭，兩眼平視，双手稍為彎曲的提起，步法更是不能隨便，並且校中道路，都有老鼠綫與老生綫之分，老生可以走捷徑，老鼠則只能走方塊與直角，一定要挨著直綫與九十度對學[illegible]的法則進行，如果錯了，每一个老生隨时都可以打你，全校共有四五百同學，新生約佔四分之一，以三百多双眼睛隨时在盯視著你，試問誰還敢亂規矩，豈止十目所視，十手所指而已，吃飯的規矩，更是嚴格，每桌八人，最高班的老生，坐在最上

六一

頭，老鼠坐在最下面，兩旁是二三年級老生，菜盤子先由上面兩頭依次分派下來，假如一盤八塊肉，照理每人應分得一塊，假若老生要向你開玩笑，偏要多吃掉一份，那你也就無法可想，只好挨餓，並且該生還要負責管理水壺，那個老生要喝水，只用手拿著杯子在桌上一擊，就算表示暗號，隨即那杯子飛也似的擲了過來，老鼠就得雙手將杯子接住，倒水給他喝，偶一不慎，接不穩杯子，掉碎了，就非得挨打不可。所以老鼠吃飯時坐凳，只不過用臀部沾著凳子邊

六一

它已随时都要耽心看踫起樓茶杯的工作，至於眼睛要絕不能上下左右亂望，所以我在第一年當中，竟不知飯廳的天花板是黑是白，直到老鼠生活終業的前三天才看清飯廳的全部內景。至於住房，則老鼠住在最上層，按級遞減最高班住在最下層，假使上下樓梯或是在房中腳步聲音稍為高了一點，下層的老生，馬上就會上樓來干涉，還有美國人睡覺，且倒是要開窗子的，每天都得派它老鼠輪流替老生在早上未起床前將窗

二二

有的窗子關好，
他們還有一種習慣，叫做「蘇醒」（Reveille），
大約每二三週就要舉行一次，什麼叫「蘇醒」呢？
就是老生要打叫你特為早起，通常老生都是
吹了起床號才起來，吹集合號時才集合，老鼠
要在起床號音一響，就已經站好隊，如果老生在
起床號以前，已經起來，那就是要舉行「蘇醒」
運動了。記得有一天早上起來，同房的美國同學
就預告我，要我準備，說今天會要被「蘇醒」的把
戲了，我一聽，樓下果然有些響動，老生似乎已經

起來了，那美國同學正在用拍紙簿填在胸口（防打傷）並勸我也填上兩本，但我自稱好漢，不屑於那麼做，並且也不知道「蘇醒」的利害，待到一聲起床號響，老生已在各樓梯各路口嚴密把守，來一個，打一個，過一關，打一關，他們的打人，不許用拳頭，大家都是用巴掌，我出門第一道，受了一掌，正打在胸口，雖然很重，還能支持，第二道又受一掌，已經是吃不消了，第三道一掌，竟至昏倒了，他們將我扶起，恍恍惚惚，清醒了，仍舊要跑，仍舊要受打，一直打到站隊的地方，仍是乒乒乒乒，打過不停，就好似婦

一三

人們在河邊洗衣時，前前後後一陣搗衣的聲音一般，及至吹集合號了，老生要站隊，才算停止。我當日被打過之後，胸口疼痛不已，回房後將胸脯抵在桌子角上，緊緊地壓著，才稍微舒服些，直到現在，每逢陰雨的時候，還覺隱隱作痛。並且那學校每週要舉行一次分列式閱兵，每人都穿著很整潔的軍服，戴著白手套，而這些手套襯衣之類，老生常常教新鬼代他洗滌，有一個冬天的上午，我有一堂課的時間得閒，正自慶幸可以稍作休息，不料有

六三

一個老生，送來一大包襯衣白手套等衣服，並限定在十二時以前洗晒整潔送去，當然無可置價，只得照辦，但我只有一些深的空間，天氣又是冬季，洗雖可以趕辦，晒乾就大傷腦筋了，結果終於給我想出了辦法，我一面將洗好的衣服掠在火爐旁，一面用書本儘量的煽風，因為空氣流通，可以增加蒸發作用，將很濕的給我完成了任務，準時送到那位老生房中，照規矩，老鼠在門外一聲「報告」，老生答應「進來」，然後一個溜步，用腳尖立正，站在老生面

二〇

六日

前後跟懸起，双手捧着衣服，亦自以為一切於法滿可以得着幾的讚許，不料那老生正架着二郎腿，斜坐在椅上，嘴裡含着快要抽完的紙煙，只向亦淡淡的看了一眼，也不說甚麼，隨手將吸殘的紙煙蒂向亦的頷下一放，教亦將下頷收緊，這樣，那還燒着的煙蒂，就被挾在頸下，燒着皮膚，自然是痛苦得双淚欲直流眼他看着，笑了。像這種情形，大家如要身臨其境，真會活活的氣死，可以說從早到晚，隨時隨地無不在受磨難之中。人說鄉下婆婆上唇待童養媳，一日三頓罵，三百九頓打，這情形只有過之而無不及，每天起來後，就時時提心吊膽，有吃生活，在未入校以前，我自以為一個大學畢業生頗足自傲，及至進了軍校，就覺得真渺小如滄海之一粟，別人隨時隨地都可以磨折我，比如每天直到晚上脫衣上床睡覺，雙腿一伸，這時才覺得還有我在這兒，那種恐懼消失，肌肉鬆弛的快樂真是如登天堂，我初進軍校，覺得那種生活如坐針氈，別無可告訴的，只有寫信告訴父親，父親雖然感到疼愛但也無

二六一

可為計，田作說：「你自己不聽教訓，偏要去進軍校，今日之受苦，真是咎由自取了」

(〇〇四)黃天霸的故事——我在軍校第二年

○○○的時候，來了一個姓黃的清華同學，他的性情急躁，行動粗暴，在清華時就常常鬧事，而且擅長國術，所以大家送他一個綽號，叫作黃天霸，由此也可以想見他的為人了，他來問我，看他可不可以也來進這個學校，我說：「這個要問你自己，是不是有忍耐的決心，是不是可以吃得消這種苦頭，」他說他有決心，他受得了，結果他也進來了。他雖然

六五

精通國術，身體强健，个子却比較矮一點，身体也不大靈活，所以受欺受打的機會也特別多，本是人那裡老生虐待新生，有一種最說不清的生活，叫做「before and after」，就是老生叫新生每次站隊以前及以後，都要到他的房中去一次，去慢了，就要受處罰，因為一天站隊的机會很多，而去老生房中的次數亦特別多，必致迫使你無暇應付，連大小便的時間，都會沒有了。而且去老生房中時，十回有九次要吃生活，為「兩腿半分彎」「双手頂物高舉」等等，固是司空見慣，還有一

一二八

種動作，是教新生靠壁直立，腳跟懸起，從後老生用手掌在新生胸腹之間，頻頻斜向上方托拍，這種處罰，最是難受，因為托拍稍久，胸腹發熱，血液加速，氣喘胸痛，但黃的同學當日在老生房中，受到這種處罰，到了十分受不下的時候，便提出了他黃天霸的本色，對那老生托拍他的手掌，稍為格攔了一下，這一來可就出事了，大家認為這是造反了，說維幼利亞軍校百餘年來從沒有老鼠反抗老生的事，現在竟有一個中國老鼠破壞

一六六

了他們的歷史風氣，於是大家集體的加以更厲害的責打，甚至有人說，非打死這叛逆不可。結果竟打得黃天霸進了醫院，他向醫院的醫生說：「我的肋骨被打斷了」不料那醫生是個老頭子，對於這些事司空見慣，視若平常，只說「肋骨並沒有斷，只肌肉稍許緊張一点而已，休養兩天就會好的」他由醫院出來，就請求退學，我當時已經是老生了，与他又是同鄉，所以學校當局，轉商問我的意見，我去勸他說「你既經有決心來到這裡，又何必半途而廢呢」他也就聽從我的

二二

勸告，打消退學的主意，但因為他鬧了那麼一檔亂子，全校聞名，大家都特別的注意他，他的生活處我更加嚴刑拘束了，後來有一個晚上正是自習的時候，他坐在房中看書，一個老生進了他的房，照規矩新生應當起來立正，但他沒有注意，不知道有人來了，而且帽子也沒有脫下，於是老生認為他不禮貌，又受了一頓痛打，他實在受不住了，只得退學，當時那個極長還向承認這種風氣對任何學生都是一樣的，並不是單獨對於你們中國學生有此偏見，而過去就有好幾個中國學生，都向小差跑了，我真不了解他們是甚麼意思，真替他們覺得可惜。當时我聽了，覺得自己同胞不能忍受艰苦，有始無終，給外國人看不起，很是難過，只得代他申述說：他現在興趣變了，想去學政治，所以不願再學軍事。後來我聽說那位黃天霸回國，加入了共產黨，不久竟發了神經病，跳海死了。本來我國學生在這个學校裡學習，能够修完的，也就不多，在我未去以前，張作霖派去一个學生在那裡學習，經不起磨折，结果生病死了。後來又有一个中國同學，名叫李志明，在

六八

那究竟太氣癮了，結果不退學。

〇〇(E)學生法庭——維勁利亞軍校，不獨對於新生的生活及基本動作的訓練，是由老生去管教，凡平日學生間發生了不名譽事件，如「說謊」、「欺騙」、「盜竊」及有損學校名譽的事項，都是由學生自己制裁，執行這種裁判權力的叫做學生法庭，是由每一班選派代表五人合組而成。記得有一天早上，尚未到吹起床號的時候，忽然緊急集合，在那四面都是宿舍中間一大塊方坪上站好隊伍，大家都面向着方坪的中心，中心早已放

六八

將一張長方桌，由學生法庭庭長報告，說今天本校發生了一椿很不名譽的事件，有一個同學偷了另一同學六十金元，業經已審問明白，現在不能不照本校歷來的習慣處理，說完，就由兩個學生服勤務的衛兵，帶着一個同學，繞場一週，給全體同學認識清楚，然後帶到中央，教他伏在桌上，由每一個組成學生法庭的代表，輪流用大板子笞責他兩板，一共是二十位代表，共打了四十大板，當時那被責的同學，真是羞愧無地，我想假如地下有洞，

六七

他一定會鑽到地洞裡去。打後，仍由這兩個衛兵押著，另外有兩個衛兵拿着行李包，走到大門口，向豎立在大門口的華盛頓紀念像，敬了一個禮，然後將那同學推出大門，跟着在那同學他的臂部上踢了一脚，表示一脚踢了出去，行李包同時也扔了出去，接着回到集合地點，仍由連長向大家報告了，這椿（案）子我們已經處理完結，不名譽的同學也經踢出大門，我們這裡容不了那樣的人，我們的同學錄中，永久（遠）沒有他的名字，但是為信對外界任何人，甚至自己

六十

的家長，也沒都不要提起此人此事，而讓他今後在外面好重新做人！當時我看完這一場處置，覺得真有些過分處，但過後一想，也只有這樣嚴格的處置，才能根除做壞事的念頭，藉以養成不為非作歹的習慣，如果做壞事不嚴格懲處，則利之所在，何事不可為，現在我國貪污風行，未嘗不是刑賞不明，有罪不罰，優容所致。我們昔日在那校中考試時，根本不用先生監考，先生出好題目，略加解釋，便即行出去，每個同學絕不作弊取巧，因為根本覺得作偽是莫大

(二)

的耻辱，今教不及格而被開除，大家還承認你是日学；如果犯不名誉事件而被開除，則大家根本不承認你是日学了。所以嚴格的教育，才是一套改善良習慣的有效方法。

（F）精神上的痛苦——我在維勁利亞軍學軍校时，生活的受嚴格管束，雖覺難受，但那是無論中國美國或其他的國家的学生，都是同樣待遇，還勉強可以忍耐，惟有我們中國人因國家的不進步，同时又給美國人誤解了，因而所受到的精神上的刺激与侮辱，真是一時也难於忍受。

我們知道，美國南部，種色觀念很深，美國人對
於黑種人，非常看不起，吃飯、坐車、行路，都分出
界限，雖然自南北戰爭以後，已宣佈解放黑
奴，實際上仍是不平等，而以美國南部的情形
為尤甚，譬如白人強姦了黑女，根本視為無所謂，
而一旦黑人強姦了白女，那就視為天大的叛逆，要
將那黑人活活地燒死，在那種社會裡，種色國界
的觀念，非常顯明，並且當時美國人並不了解中國，
認為中國是一個神秘的國家，認為中國人是很
劣的民族，稍為穿得體面點的中國人，他們不認它

二一

係是中國人而說是日本人，造成這種錯誤的偏狹的謬見，也自有其原因，據我所知，可分三種：

第一，電影的宣傳——自從八國聯軍之役以後，外國人即把中國千奇百怪的情形，攝入鏡頭，而那些攝製電影者，又不是實地從中國攝來，只是雇用華僑們裝扮而成，如長辮子，長指甲，小腳，不清潔的服飾，走路全是碎步，喜歡在暗地打人等，電影商迎合觀眾好奇的心理，儘量地偽造宣傳，在各地映發，於是美國人竟認中國人為最沒識卑下不光明的民族，〇〇〇第二、小說的描寫——有很多來中國傳教或遊歷的美國人，在中國內地，跑了一趟，不曾真正了解中國的社會組織、與風俗習慣，以一知半解的態度，過分的描述，只圖寫得奇奇怪怪，爭取讀者，增加銷路，按之實際，全是錯誤的。譬如「燕窩本是好吃的補品，而他說中國人喜歡吃鳥巢」，試問鵲巢叢誰曾吃過，又如吃蛇、吃貓、吃鼠[redacted]，以中國的烹調得法，形式味道，都並不壞，美國人也會歡喜吃，但他們專看小說，則甚以想像中的吃法，就要覺得是野蠻之至了。

二二

〇〇〇第三、唐人街的表現——我國遠在閉關時代，一部
〇〇〇〇份亡命逋逃的人，跑到外國去謀生，其中尤以廣東
人為多，在美國以浙江青田人為多，於是生斯息
斯，華僑聚處，就構成了所謂「唐人街」。在
我讀書的當時，走進唐人街，連我也看不慣，
他們保留著初去時的風格：大辮子，長指甲，
大袖，小腳，竹筒煙壺，抽大煙，賭博，真是千奇百怪，出現
在中國內地，已經找不到那些怪象了，他們還
保留著械鬥的惡俗，某某黨與某某黨，大興械
鬥，殺死殺傷，甚麼人也不管，那真成了三不

管的地界，美國人聽你自生自滅，中國領事館也不去過問他們，有些情形，真替中國丟面子不小，聽說近來也稍為改進了。

○○○由於上述三種原因，所以當時美國人非常看不起中國人，甚至有時同坐在一塊兒吃飯，他也認為恥辱，特意走開，使人難堪，還有中國人在美國以開飯館洗衣店的為最多，這自然是由於中國烹調著名，而飯館洗衣店也不需要多的資本，但外國人不了解中國以為全國人都是這兩個行業，有一次有一個美國大學教授，而竟問我：「中國的城市，是

七三

十三

不是中央都是飯館，四面都是洗衣房」這一方面足證其愚蠢無知，一方面也足證其對中國的隔閡。還有一個笑話，李鴻章在外國時，有一次請客，將各色各樣的菜拌合一起，他稱「十樣景」，當時外國人問他叫什麼菜，他隨口答曰「CHOP SUEY」，至今美國的中國飯館，還流行着這樣菜，胡亂的將肉絲、豆芽、芹菜、洋葱等炒在一起，美國人因為吃慣了這樣菜，甚至見了中國人，不叫「Chinaman」而叫「Chop Suey」，在中國人聽來，當然覺得是一種侮辱，有時他們寫紙條還

衣服給家洗，不寫姓名而寫「洗衣店」，Laundry也一樣，
好像家在開著洗衣店。還有一種最難堪的，
就是那學校裡往々教中國新生（老鼠）站在
大門口，讓來々往々的人，任意問你「你家裡
開飯館嗎？開洗衣店嗎？」「你是不是抽大煙？」
「中國軍隊是不是都抽大煙？」諸如此類，但你
却非回答他不可，有时也不是美國同學存心
侮辱我，一方面或者他們真不了解，一方面是美國孩
子好頑皮，好嬉笑，隨々便々說々開心而已。如果真
的去与他論理，有时他也不服，記得有一次，有一个

一四

中國學生來報到，那時我正是老生了，一个美國學生說：「又來了一个抽大煙的」！我回頭就給他一拳，他不服氣，到我房中來談判，他說我不該打他，我說「你不先說侮辱我的同胞的話，我不會打你，你說了，我就該打」！結果他陪禮認錯了事。

○○（中）我在軍校的收穫——我在維勁利亞軍校幾年，

○○○自覺對於學識技術上的收穫也不過是那麼一點兒，而自認為最得益的，却是那種嚴格的訓練，以及千奇百怪的苛虐，將我的性情磨鍊下來，後來在社會上做事，雖然曾遇到種種挫折，但一想到在維勁利亞時的情形，就覺得應該應當忍受，而且也就覺得可以忍得下了。（否則我這二尺五的軍衣，早已脫下不幹了。）因為我的性情，本來急躁，小時的剛順，只是未曾發揮本性而已。及至年長，諸事不能好好忍耐，所以就出國時，父親特為這一個墨盒上面刻道：

「曾子曰：士不可以不弘毅。朱晦翁釋曰：弘為寬廣，毅為強忍。吾輩中材，當於此下工夫！」（曾子的見論語泰伯第八）

因此我在維勁利亞時，任何橫逆之來，都能忍受。

七五

所謂忍受，並不是被環境征服，而是抱定自己的志願去忍受横逆之來侵，而所謂逆來順受」

〇〇〇強忍到底，孟子也說：

〇〇〇〇「故天之將降大任於是人也，必先苦其心志，勞其筋骨，餓其體膚，空乏其身，行拂亂其所為，所以動心忍性，曾益其所不能。」（孟子告子下二十章）

所以人生過程，絕不會是坦坦大道，其間荊棘縱横，在所難免，尤其是一個軍人，其所遭遇的困難必定更多，若沒有經過相當的磨鍊，精神脆弱一定担負不了困難的任務，只能得很勉強的自救

長官說，我們這種打人的風氣，嚴格的訓練並非惡意，對任何人也沒有歧視，因為我們的目的唯一的在使你鍛鍊成人（Make a man of you）。這也就是所謂「不盤根錯節，不足以別利器」，不千鎚百鍊，不足以成純鋼」。古人說「百鍊鋼成繞指柔」就是沒有知覺的鋼，也一定要經過鎚鍊，才會有彈性，有韌性，何況一個骨血之身的軍人，更非經嚴格的訓練的訓練，不足之以任艱鉅。

三六

○〈5〉結論——上面根據我親身的經驗，敘述我一生

○所受教育的嚴格情形，尤其是維勁利亞軍校，更非常情所能忍受。但是大家不要誤會，我的敘說這些，並不是提倡打罵的教育，鼓勵打罵的教育，而只是証明教育一定要嚴格要求，才能有用，所謂嚴格，是要一步不放鬆，要彼此互相嚴格要求，要隨時互相檢討批評，造成嚴格風氣，這比打罵，更為收效，打罵是萬不得已的最後手段，能夠不用，斯為上乘，所以「鞭策主義」不是部隊長應有的手段，這一點大家一定要

注意、

〇〇

現在國勢阽危，軍事處處失利，考其原因，仍在驕惰二字，必須要加以整頓，整頓之法，惟有一个「嚴」字，只有嚴格訓練，嚴格要求，才能轉移風氣，挽回頹勢，至於一般智識青年，更大半是脆弱不堪，不是意志薄弱，與腐敗社會同化，就是頹喪悲觀，經不起挫折，我們所以不惜耗費時間，詳談這些，就是希望大家，今日都能忍受磨鍊，有些是過去家庭環境學校環境，過於優待，不曾受過磨鍊，現在更應當爭

二二

取机會，磨鍊自己，一切都能逆來順受，然後將來到社會上，到戰場上，才能經得起任何挫折，而絕不灰心，才能抱定「堅忍」的決心，以奮鬥到底！

四、領導與指揮：

㈠普通常把領導與指揮，混為一談，其實二者是各有不同的。領導者是站在部隊的前面，領頭去做，平時要與部屬生活在一起，而指揮者則似乎是站在部隊的後面，有居高臨下之勢，歐美各國，對於這兩點，分別得比較清楚，譬如英美的班長叫做"Squad Leader"，排長叫做"Platoon Leader"，而連長叫"Company Commander"，營長叫"Battalion Commander"，團長叫"Regimental Commander"，旅長叫"Brigade Commander"，師長叫"Division Commander"，軍長叫"Army-corps Commander"，此裡"Leader"就是直接帶兵站在前面領導的意思，而"Commander"就是指揮的意思。至於我國軍隊，過細的研究起來，也有這種區別，譬如在團以下，只有團本部營本部連部等，

二八

二八

而旅以上、就係司令部、所謂司令部就有發號施令指揮作戰的意思、從以我國軍隊、文化教育水準比較低些、所以團長以下、都成了直接帶兵官、要在旅長以上才算是指揮官、譬如就團普通一个連長、通常沒有很強大的指揮作戰能力、同時連以下的官佐、也未必能夠都負起責任、達成任務、有時還須要連長去親身領導、而外國的連長、就已經是舒服得很了、所以不管甚麼瑣碎小事、因為他下面的排長、班長或特務長等、各人都知道自己所應盡的責任、而且諸事也辦理得很妥帖、所以連長級起來，也比較中國容易。這是我國軍隊素質的關係，制度是切合實質的需要而建立的。總之，下級軍官，應與士卒同艱苦，一切以身作則，身先士卒，以好的榜樣去領導部下，而在上級的長官，最要緊的就是指揮能力，尤其是大兵團的指揮，古人說「天下強兵在將」，所謂「將」就是指揮者，而現在戰場上的軍事失利，有很多地方，仍是指揮錯誤所致，譬如野戰軍指揮者不聽命於統帥部，而直接請示國防部，或高級指揮官不按層序經過中級指揮官，而直接指揮前線下級部隊，以致軍令紊亂，這都是不合「將兵」「將將」之道，不

二七

「明指揮」與「領導」之別，總而言之，在分層負責，按序指揮，才不會紊亂。並且中國與外國的指揮，有大不相同的地方，外國係補給後方勤務配合着全部隊長一心指揮作戰，不必操心其他事物，中國則前方後方均應由部隊長兼顧週到，但外國兵如果一旦補給不周，即不能作戰，甚至有不發糧餉，即不作戰之事，我國則甚麼也沒有，還有拚命作戰的情形，這是由於我國的統馭，全憑部隊長與士兵情感與精神聯繫來密切所致，但現在一般高級部隊長有此種統馭能力的，却是很少，即我們所訓練的部隊，經過多次檢閱，總覺排長以下，比較成功，而排長以上，越向上走，越不成功，此一軍開赴北方戰場後的經驗，更加足以証明，這由於我國軍事教育脫節，也是原因之一，在外國一切按層級而進，絕不躐等，絕無所謂捷徑，而我國軍校畢業後，不下 七六部隊不作下級帶兵官，在高級軍事机関做々幕僚，從沒轉入陸大，出來就做高級指揮官，又命能徹底的白部隊的实情，何能不發生指揮的錯誤呢？還有我国軍隊的指揮，有一種特殊困难，在外国軍隊国家化，任何指揮官，可以指揮任何部隊，而我国官兵注重私人歷史関係，不能隨便更換部隊長，否則指揮不灵，正与器具一般，一種是標準化，可以互相更易，部合標準化，無精鑿枘，一種是特製品，移動就配合不上，這實只是一種極不合理的現象，是造成軍閥的根源，應當徹底加以改革。

五、權利与義務：

有權利就有義務，這是一般人都知道的，如果只享权利，而不盡義務，絕不是現社會所應有的事，可是我国大部分的統馭者，只知享受權利，不懂得盡義務，凡有权利可享的，就如蒼蠅見了臭肉一般，争奪唯恐不及，説到應盡的義務，大家就退縮逃避，又推諉唯恐後人，所以弄得國家只見有争权奪利的現象，不見有負責做事的人，並且所享的权利越大，而所應盡的義務也越大，权利与義務是對等的，行為，尤其駕馭部隊的帶兵官，必須是有一種特权，部下的生命一切，都交給了長官，都要服從長官的管理，國家准許各部隊長處理部下的一切，一個團長，在作戰之時，就有生殺之权，必要時連長也可以有些生殺之权，所以軍隊統馭者的权威，實在要比一般統馭者大日多，一个新兵一經入伍，以後他所有的一切生命幸福，都交給了部隊長，所以說這是國家交給了部隊長的特權，部隊長既有此特種的權利，相對的，也就有了特種的義務，這是與一般統馭者不同的，一般的統馭者，只統馭其部屬的工作，而不統馭部屬的生活，更不會統馭部下的生命，而軍隊的統馭者對於部下的起居飲食，疾病死喪，都有照顧保護扶助與料理的義務，如家長愛護子女的一般，有時教部下是去生去死，部隊長都要審慎考慮，對之要負絕對的責任，所以士兵入伍以後，所屬部隊長就應好好地去盡到他應盡的責任，如何教導他們，如何愛護他們，如何訓練他們，如何顧慮他們的健康，如何增進他們的技術，如何培長他們的智識，如何妥慎的指揮，使能以最小的犧牲，取得最大的勝利代價，這些都是帶兵官應盡的義務。

所以說，軍隊的統馭者，權利既大，責任也大。並且一個軍隊的統馭者，絕不要濫用特權，對於管理方面，要做到嚴而不苛，要如父母之對子女，絕不是要求部下表面上服從，而一定要使他心悅誠服，譬如現在一般部隊長，動輒威嚇部下說「你不聽我的話，我揍死你」！或是說「誰不服從，就槍斃誰」，其實這等於自己在和自己為難，假如平時是這樣的蠻不講理，將來到了緊急關頭，如果給他一個任務，或是一種指示，他們反而會懷疑「長官一定是想害我，藉此殺掉我」，這樣，那又焉會服從命令，假如部隊長平日對他們不錯，威惠併用，他們衷心的信任部隊長，在危險的時候，憑你給他任何艱鉅的任務，他一定樂於接受，而反認為受命於危難之際，是一種光榮，並且激於平日的感情，義憤勇為，雖赴湯蹈火，在所不辭，否則就是將刀架在他們的頸頸子上，也不會發生效用，所以帶兵官最重要的，不要使部下怕，而要得部下信仰，自信仰的方法，就在於不濫用特權，却能完全盡到軍隊統馭者特有的責任義務，

八二

（二十三）

第二節　軍隊統馭者應有的本能

一、了解羣衆心理：

一个軍隊統馭者，一定要深切的了解羣衆的心理，因為要統馭一般羣衆，只能順着羣衆的心理，加以適當的領導，而不能一味横蠻的加以駆策，如果是横蠻駆策，就一定會有不肯服從甚至叛上作亂的事情發生，這種羣衆心理，是動物界中天然賦有的一種盲從性格，我們試看我國北方那些趕羊群的人，只要好々地領導「頭羊」，向那一方向走，則其餘的羊

一三

君羊，就很自然的跟着走。又如趕馬羣的，趕鴨羣的，都是這個方法，只要好好地領導着走在前面的，順着他的性格，趕着向自己理想的方向走去，則其他的自然盲從而走。人類雖號稱為萬物之靈，也一樣的有這種盲從心理，譬如說，如有一个人，突然在街上高呼着「失火了！失火了！」，向着某一方向狂奔，則其他的人，也會不問究竟的跟着他跑，社會上發生的各種羣眾風潮，多半是這種盲從心理所造成的，所以帶兵官的統馭部下，~~必要瞭解羣眾心理~~，不能違背羣眾的心理，驅策他們向某一方向走，而是要了解他們的心理，順應着本能的人性，將々的領導着走，只要部下平日對於帶兵官能够信任，就自然會跟着走的。聽說從前左宗棠征新疆時，有一个這樣的故事：

當時左文襄公帶的是湖南兵，而要去征討遼遠寒冷貧瘠的新疆，又無交通工具，全憑步走，自然士兵的心理，都不願意，部隊動搖欲散，左文襄公知道了，就利用當時士兵的迷信心理，在出師之前，向菩薩問卜，自己卻事先教親信人秘密的將幾个銅錢，兩面鑄成一樣，因為當時有一種銅錢，一面是字，一面是光的，於是親信仰特製的銅錢，兩面都是光的了，然後左公齋戒沐浴，慎重其事，當眾焚香禱告，說是請求菩薩指示，如果出征勝利，官兵平安，就要三卜皆同，不能間亂，結果三卜都是光的，全未間亂，果然上上大吉，並且卜錢鋪在桌上，任憑官兵上去目看，其實當時官兵都對菩薩很誠敬，誰敢去拿錢翻轉來研究，戳穿此中秘密，由此軍心大振，個個以為征新疆必勝，有進無退，結果而，竟成功。

還有在「一二八」上海戰役的時候，他就親身遭遇着一樁可笑的事，因為我懂得士兵心理，設法解除了他們心理上的疑懼，結果也就安靜無事，現在我可以將事情的經過，告訴大家：

那時，我的部隊，從上海作戰下來，開到嘉興整訓，一進營房，就傳說那些營房鬧鬼，鬧狐仙，以前那營房曾是一個砲兵營駐紮，有一個官長晚上入廁，不知為何，竟倒置廁中死了，後來那砲兵營失火，彈藥庫被焚，結果營長被槍斃，當地老百姓還說，附近有一座鐘樓，是洪楊時代建築的，那樓上的鐘，一被敲動，就要死

一五

人，就要生禍，因此士兵終日疑神疑鬼，惶惶不安，我知道了這情形，就集合全體官兵在鐘樓下，當眾報告，這是迷信，大家不要為此種胡說所迷，我並且當眾敲鐘，說有何災禍，都降到我的身上好了，結果我自然安靜無事，官兵也從此安靜下來。過後調查，才知是從前駐紮的砲兵營，風紀不好，夜間賭錢，士兵故意作神弄鬼，以便出入，一次夜裡，官長單人捉賭，被士兵害死，倒置廁中，反而說是鬼迷死的，由此可見不了解士兵心理，就無法帶兵，譬如一般部隊，常有鬧陰的事，這些事、多半發生在夏天，因為夏天悶熱，頭腦昏亂，就常々發生眼花見鬼，甚至常笑無端的事情，我們一定要處之以鎮靜，自我能安靜無事的，還有就是在戰場上指揮作戰，我也一定要深知士兵心理，我現在也可以舉一個實例講給大家聽々

記得我們在緬甸作戰時，那裡的天氣，非常的熱，皮膚上常々曬得起泡，同時我們又是在一個原始森林中向前進攻，有時候，天還找不到水源，官兵都在熱與渴的困難下吃苦到看，那天，團長報告我，士兵實

一二

八六

左渴極了，一滴水都沒有了，無法再行忍耐，當時我詳細的研究地圖，發現我們陣地的前面不遠，地圖上載有一道沙河，我想，有了沙河，就一定有方能得水，於是我命令全團長轉知下級說，只要向前攻擊，前面就有一道河，河裡有水，士兵們聞訊，大家奮勇追攻，很快的就攻到了河邊，果然發現了水，而我們追攻的任務，也告達成。

所以只要統馭者平日能得部下的信任，遇事又能了解群眾的心理，順應着他們的要求，就一定能好好地領導着他們，以達成任務。所謂「帶兵要帶心」，但這種心理的運用，非常微妙，不是三言兩語所能說盡的，全在乎統馭者如何去體味，如何去注意而已，不過我們運用群眾心理，最要的是平日能得部下信仰，而這種信仰，也有着時間性，在某一時間，對你發生信仰，過了某一時間，也會不生信仰了，所以軍隊統馭者應當特別留意，要時時了解群眾心理，時時取得部下的信仰，然後就能時時領導着部下走了。

二、有治理本能：

一个部隊長的統馭部隊，不僅是在於指揮作戰，而是治兵帶兵練兵用兵，四者都能兼備，才算是一个好的統馭者，尤其先要能治兵，然後才能帶兵，才能談到練兵與用兵，現在我們訓練部隊，不過是其中不僅是訓練學科與術科，而是要作一種整个的訓練，因為學術兩科，不過是其中四分之一而已，所謂治兵，就是一切事項的治理，比如人事、經理、財務，以及官兵平日的衣食住行，武器保養，環境衛生等等，都包括在內，如果這一切不上軌道，都

八三

很紊亂，就根本談不上帶兵，更何能去訓練去使用。古時文人為什麼能夠帶兵，就因為高級統馭在於運用智力，側重指揮管理方面的事，並不一定需要跑上前綫去殺敵陷陣（如清代的曾胡左李諸公都是文人帶兵）曾文正公說

「帶兵之人，第一要才堪治民」（曾胡治兵語錄第十一章第一頁）

這就是說先要有治民之才，然後才能負帶兵之任（要能治民，才能治兵），也就是將治理兩字看得非常重要，吳子「論將」上也說：

「理者，治眾如治寡」（武經吳子論將第四，第一七二頁）

這個「理」字，就是「治理」，即是說，如果帶兵者，將營中

一切事務，治理得很清楚，則治軍如治家了。曾文正公又說：

「治兵之才，不外公明勤，不公不明，則兵不悅服；不勤則營務鉅細，皆廢弛不治，故第一要務在此。」

——曾胡治兵語錄第一章將材第一頁——

所謂營務鉅細，當然是指人事經理財務衛生等項，所謂廢弛不治，就是不曾辦理清楚的意思，而這一切都要治理得好，就只有從勤字下手了。

可是我國一般人，總以為帶兵的，只要上操打野外，所謂三操兩講，將學術科都做好，就算完事了，殊不知這不過是帶兵的一部份工作，最要緊的還是一切內務方面，亦即說的內務是包括人事管理財務衛生而言，如果用人不當，經濟紊亂，裝配不齊，官兵生活不好，營養衛生欠缺，徒然只知上操打野外，又何能有作戰能力，遠在數千年前的孫子，就曾經說：

「是故軍無輜重則亡，無糧食則亡，無委積則亡。」

——武經，孫子，軍爭第七，第五七頁

由此可見數千年前作戰，就以裝備給養的管理作為先決條件，更何況二十世紀科學昌明時代的新科學化的戰爭，就更須要注意人事管理財務衛生事項的治理了，管前

（乙）

有人笑張宗昌有三不知，即是姨太太有多少不知道，自己的兵力有多少不知道，自己有多少錢不知道，而不知現在國家般的隊伍，究竟實在有人數多少，素質究竟怎樣，恐怕也很難找到確切的答復，而通常一個高級部隊長，對於所屬部隊，有多少人，多少糧餉，多少槍枝，多少彈藥，多少服裝，也許還弄不清楚，甚至還以為這是特務長的事，用不着去注意，殊不知治軍才能，應從基層做起，一定要從小處着手，處處留心。

記得我從前在教導隊時，有過一樁這樣的故事：

「那時齊副師長學啟與我，同做大隊長，規定士兵每人兩月發五雙麻草鞋，實際上是用不完的，我就教部下，即有如果只壞一隻的，就從別人壞的草鞋中尋出一隻配起，仍舊穿着，而將新發的麻草鞋保存起來，於是歷次所發下草鞋很多，後來因為經費不夠，改為三個月只發兩双麻草鞋，大家都感到不够，而家這一隊士兵，却仍有儲存的麻草鞋穿，當時齊坂副師長，同一樣是大隊長，隊上却沒有草鞋可穿了，因此感到驚奇，經家說明後，才恍然大悟，後來他還常常拿這一樁事訓誡部下。

這雖是一樁小事，但經理的人，就產生了好的效果，所以以從馭軍隊最重要的，就在於一切事務都能治理得法，俗話說「窮不窮，吃不窮，無打算，一世窮」家庭興敗，國家盛衰，都要看其治理才能何如了。帶兵的人一定要明白這個道理，此外家常用具，總是節儉物資很多，到移交時統計，可以再裝備兩個團，後來當師長移交時存品也可裝備兩個師，新三十師成立，整個是使用新卅八師的存品，當軍長移交時，存品也多，新七軍的成立，也整個是由新一軍存品裝備的，所以帶兵官一定要有治理才能，不論對人對事，不論大事小事，處理大有大辦法，小有小辦法，只要勤於用心，勤於作事，自然百端俱理，營務大治了。

我國自袁世凱小站練兵起，繼有段祺瑞創辦西北國防軍，民國十七年又有教導師，九一八後有教導總隊，抗戰時有西南幹訓班，以及印度藍姆伽的訓練諸軍等，有很多次都是請德國人當顧問，而其結果，當時雖小有成就，但完整的新軍，仍是未曾建立起來，其最大失敗的原因，就是只重戰鬥技術，而不注重一切事務的治理，記得德國顧問訓練教導師時，我在當排長，那些顧問從早到晚非常熱心、勤勞，而且那首席顧問塞克特，是非常有名的，當第一次世界大戰德國失敗後，他在暗地裡很快的就將德國軍隊訓練好，建立了堅強的國防軍，可是他到中國來後，我國不曾學他的全套，仍是只重技術，不重治理，不曾從上到下建立一套合理

七一

十一

的制度，所以训练出来的部隊，開始還很好，到後来，主官一換，一切也就完了。記得我在德国时，看過一本書，那是述在俾士麥时代批评中国与日本在德国学習建軍的情形，日本自從明治維新，就派遣学生到德国学習軍事，中国当时經湘軍淮軍之後，也派遣学生到德国学習建軍事，可是德国人就曾在那書上預言，說日本建軍一定成功，而中国建軍必不成功，因为日本人所学的是德国建軍的全套，無論是技術經理人事等，都一一全学，然後搬回国後，針对国情，斟酌損益以求適合，而我們中國，則只學他們的片段局部，還在大談其中學為體，西學為用，不肯學習他們的軍事治理方法，所以德國人早就預料其必不成功了。現在我國如果要建立國防軍，就該一勞永逸，費十年或二十年的工夫，將全套軍事無論技術裝備人事經理財務衞生從上到下徹底的改革，才能有所成就，現在關於大的方面我們雖然無法做到，但我於下層的旅師與團的建立，我們應當設法改進，使我們在能力範圍以內，對於經理人事財政衞生，必須做好，既要物資不得濫費，要能撥廢物利用，經濟要公開，使

乙二

錢都用到士兵身上，人事要公允，賞罰要嚴明，公平，尤其現在物力艱難，要以人力來補助物力之所不及，根據蒂的說，就是各級帶兵官應注意本單位的一切管理情形，要將一切業務治理得很好。

至於治理的方法，別的國家，重在科學管理，一切制度健全，有條不紊，譬如英美各國內，平日第一流人物，並不是議員或政務官，他們平日都認為那是吹牛皮的，實際的人物，都是大工商業的管理者，他們管理工廠公司的方法，非常嚴密周到，所以一旦國家有事，那些管理人物，出而為國效力，自然一切事務，都治理得條理井然。但我們中國，却正缺少此種人才，缺知技術方面，可以借用外才，而管理治理，則絕不能委托他人，因為這是有關國家之權的，因現在我國軍隊，只知四大教程，只注重操場，野外，而不知怎樣去治理一切，一般帶兵官，不重內務管理等講應付，

十二

結果對於部下的一切情形，全不明白，士兵生活，全不注意，甚至移挪士兵薪餉，去作請客應酬之用，此種風氣，更非徹底改革不可。

三、以身作則：

所謂以身作則，是要統馭者，拿精神和人格從事實上表現給部下看，以行動去教導部下，即是古人所謂「以身教人」的意思，也就是要統馭者以精神領導精神，以人格領導人格，以學識領導學識，以技術

七三

十三

領導技術，要能馭其向部隊起着模範作用，使部下向你學習，一切都能潛移默化，感召於無形，孔子說：

「其身正，不令而行，其身不正，雖令不從。」

——論語子路第十三

正是這個道理，因為只有拿自己的行動表現去領導部下，才是最有效的說教方法，不然，徒事口說，自己不去做，必不能得到部下的信任，古人說得好：

「與其坐而言，不如起而行。」

何況長官與士兵，要共生死，同患難，所以平時必須官不離兵，兵不離長官，一切行動，都要表現於士兵之前，以作他們的模範。總統訓詞也曾經說過：

做長官的，一定要隨時隨地，以身作則，我們長官，須拿我們自己的人格和精神，表現給部下看，做部下的模範。

二十二年七月卅一日，總統講「命令的意義」

記得我過去當團長時，對於本團的官兵情形，我知道得非常詳細，同時我的生活一切，都與部下一起，因為我帶那一團（前後）有七年之久，至今還覺得那時的生活，精神上非常愉快，事，無大小，我都與此部的官兵，同樣去做，現在我可以同民國二十二年我國在江西剿匪的情形，講給大家聽聽：

「二十三年，我們從海州開到江西剿匪，那時我是稅警團第四團團長，別人都以為稅警團是少爺兵，武器好，裝配好，待遇好，但是不能打仗，而我因為當這一團團長已經四年多，一切了解得很透澈，自信能夠作戰，而士兵也自信其技術不壞，後來南昌行營舉行一次射擊比賽，與賽的有四十多個師，稅警團也參加為一單位，結果個人成績，團體成績，都是本團第一，七個獎品，我們得了四個，個人最好成績的前十名，我團佔了七名，但別人又說，「因為他們槍好」，其實也是普通一樣的槍，後來我團到了古龍崗第四軍，因見我們的技術好，還派有幹部到我們部隊中留學。

「還有一次，我軍駐地旁邊一支友軍在打灰靶，那是用鐵火油桶裝着石灰作射靶，距離約一百五十米遠，命中了的，可以看到石灰飛通，但那支部隊的士兵，很多打不中，一個排長也打的零分，其時恰巧我團也有一士兵，在旁邊觀看，覺得好笑，那排長見了，非常氣憤，教我那士兵也去射擊，結果三槍都中，那排長見他技術好，問他是甚麼

七六

九二

職位，那士兵說，在團中是不及格的啊！」

但是本團的技術雖好，本部卻感覺到有一些不如別人，就是當時第四軍，在槍砲修護方面，比本團的工作能力強，提到當時的第四軍，號稱「鐵軍」名聲很好，他們的士兵識字的雖不多，卻有兩樁好處，第一就是團結力強，第二就是士氣旺盛，本部曾親觀他們作戰，一團人搶一個山頭，一個衝鋒號，就衝上去了，確是英勇，但此種方法，是因為當時共軍火力弱，所以成功，如遇敵人火力旺盛，就無法可設了。

政的「八一三」上海戰起，他們不到幾次，也就衝完了，至於我團作工能力不如他們的原因，經我細心攷察，終於給我發現了，

「有一天，我在外面看部隊，恰巧第四軍的官兵，在趕築一个公路的橋梁，因為當時剛退，步々為營，打到那裡，公路就築到那裡，而橋梁材料，都是由部隊自己從山上伐取大樹備用，那天我見第四軍々有一連人上山去搬運大木頭，由連長揹着最大的一頭，其餘全連官兵，共同揹着這枝大木頭，哼々嗨々地很快就揹下山來了，而

一八

我們的團上的連部呢，如果也去上山取木頭，那連長就只拿着竹鞭子跟在後面指揮，定會讓弟兄們去做，當然工作效力不會大了。由於當時我自發現這一个原因，於是集合全團官兵，嚴加誥誡，命令以後無論做什麼事情，官長一定要親自領先，以身作則，藉以增加工作效能，如此努力改正以後，作工效率也就與其他單位不差多了，由此可見只有以身作則，才能切實的領導部下，至於在前線作戰，那部隊長更應當不畏艱苦危險，身先士卒，才能啟發官兵們的鬥志，我現在可以上海作戰的一椿親歷事實作例證：

「那是民國二十六年「八一三」上海作戰的時候，敵人海陸空軍配合着猛攻淞滬，我軍團奉令增援，當時我軍團上去的有六個團，共約二萬五千餘人，配備齊全，可以當作三個師用，如果担任一面的攻守，可以發揮很大的戰果，可惜上面指揮者沒有整個計劃，竟被別人分散着用了，當時我承命奉令開蘇州待命，接着就開南翔，到了南翔車站，正值天黑，只見這一師的副官，那一師的副官，都在搶着接兵，好似旅館的茶房在車站接客的一般，互相爭搶，不因是各師都有損傷，就爭着接兵補充，並送在最前線，以資抵禦，被突圍一下車，就有找我個團分別被各師接去，我團當時劃歸第八師指揮，那師長指揮着三個殘破師，要我團作為總預備隊，無論那一師那一處被突破，就得補上，記得當晚大雨，不到翌日的十二時，我團已經零碎補完，三個師都補得有我團的官兵，我的身邊只剩下二十餘人了，剛到下午時忽然來了一道命令，說了家橋指揮所正面，情勢非常緊急，被敵突破，教我即刻補上，收復陣地，我報告說，部隊業已分散補充完了，上面說，「這是命令，速去軍隊管事！」我只得遵從命令，率領着二十幾個僅存兵員上去應戰，丁家橋下的河約有二三十米闊，而河水卻很深，無法徒涉，非從橋上通過不可，我只見橋那邊的友軍潮湧般敗退下來，勢如山倒，不可遏止，於是我站立橋頭，大聲喊道「為什麼後退？」他們說：「他媽的，官長都跑了，我們不要命嗎？」我說「我就是團長，你們不要退，聽我指揮，快同去收復陣地！」他們都說「好，團長不怕死，我們也不怕死！」於是一傳十，十傳百，反使敵人驚惶失措，以為我軍敗而復進，一定是增援了大軍，即刻退回原陣地去了。我恢復了陣地後，去見師長報告情形。當時連日大雨，我從頭到腳遍體淋濕，而且天氣很冷，雖受凍已極，但是一看師長身邊，還安穩地坐有兩位團長，他們不上前線指揮，卻躲在那兒清閒，後來師長向上面報告，還說「我某團兵作戰經驗，聞砲聲即散，因此影響全局。」像這種情形，可見士兵都是英勇的，並不怕死，

十八

而帶兵官，一定要沈着應付，以身作則，在緊急關頭，尤其要表現英勇果決的精神，身先士卒，才能轉危為安，達成任務，這是非常重要的一點，現在共匪作戰，為何士氣旺盛，就是因為他們的官長，能以身作則，在東北我曾聽說有一樁這樣的事情：

「那時天氣很冷，土匪因為裝備不好，士兵沒有多的衣服，人人要冷，於是土匪的政工人員，召集士兵訓話，教他們忍耐，不要怕冷，並當眾將上衣脫光說：『你們以為天氣冷嗎？只要精神好，絕不會冷，我現在脫光了上衣，站立在風中，也不覺得

七七

冷啊冷」於是士卒看了，也就大家感奮，自己也不覺的冷了。

但是反過來看看我們的官長或政工人員，是怎樣呢？就常常沒有這種以身作則，激發士卒的精神，即如我上次看見警衛連剷除草坪中的雜草時，一個排長拿着一份報紙，站在後面看，我訓誡他，教他同士兵一起做，結果我回頭去看時，他覺得很慚愧的遠遠地隔離着士兵在做，因為他自覺無顏面去見士兵。所以我在每次「戰鬥技術競賽會」時，以連或中隊為單位，我一定要連長

六二九

或中隊長參加，才有分數，越野賽時一定要連長或中隊長拿着指揮旗，跑在最後，這樣就是提倡以身作則的領導精神，就可以發揮指導全連或全中隊互助合作的真正意義，所以一定要官長以身作則，然後士兵自然會發生影響，尤其我們帶青年軍的，不以身作則，更會惹人非笑，因為青年軍素質好，智識高，一切行動，他們都知道要求其合理，如果不親身作榜樣，一味口說不做，又何能得到他們的信服，所以一個軍隊的統馭者，不要「立異以求高，違情而干譽」，一切要平

一〇〇

當道情，說得到就做得到。現在大家在此受訓，任何動作，任何技術，我都要大家親手去做，就是要準備將來能夠作部下的表率，以取得部下信服，大家要知道，凡事只有以身作則，才能做得通，做得快，做得好。

四、有智謀：

一個帶兵官，掌握着部下的生命一切，而國家也付託以保國衛民的重任，如果是有勇無謀，單憑著匹夫之勇，去胡亂作戰，結果必至把部下的生命，完全送掉，而國家付託的任務，也不能達成，所以不學無術之徒，無智無謀，實不足以應付現代的戰爭，不足以領導現代的軍隊，所謂「智」，就是「智慧」，「謀」就是「謀略」，就「智慧」而說，是要對於戰爭當前的情況，如敵人的虛實，地形的利弊，任務的重要性等，根據自己的聰明與學識，詳加分析，下定決心去加以處理，就「謀略」而說，亦即在事前詳加思考，一切都能有計劃有步驟的配合，一切都能依照計劃按步實施，而收到預期的戰果，所以古人說：

一〇一

「揀選將才，必求智略深遠之人」 十

——見胡潤芝兵謀集第一章「將材」第一六頁——

胡文忠公也說：

「……將材不外智勇二字，……智多勇少，實力難言，勇多智少，大事難成。」

——見胡潤芝兵謀集第一章「將材」篇第二二頁——

又說：「統將能堅忍，能勇敢，不算本領外，必須智勇足以知兵，器識足以服眾，乃可勝任。總須智勇二字相兼，有智無勇，雖說不能行；有勇無智，則兵弱而敗，兵強亦敗，不明方略，不知布置，不能審勢，不能審機，即一千

曾胡治兵語錄第一章「將材」第二五頁

兼人終必敗也」

並且智謀的需要，不限於職位的高低，就是充當一個排長班長，也要能有智謀，譬如一個班的戰鬥，如何去攻擊，如何去防禦，這都非有智謀不可，不過職位愈高，所負的責任愈大，所影響於整個戰局的關係愈多，而所需要的智謀也愈大，知愈精審，可是現在有一些帶兵官，平時不用腦力，不下工夫，一到戰時，更不知道用腦力去想，全憑著運氣亂撞，一旦運氣好，吃虧不多，還要大吹大擂，不可一世，稍遇勁敵，當然是有敗

一〇二

七二

無勝了，記得我從前遇見一個這樣的師長：

「民國二十三年，我在江西當團長時，有一個師長，原來和我在軍官訓練團共過事，不料在江西又會着了，有一天大家閒談，偶然談到軍隊的訓練，和作戰計劃上面，他放肆的說：「甚麼訓練，甚麼計劃，我都懶得管他，我只知道衝鋒陷陣而已」言下頗為自負，我覺得他真是大言不慚，誰知兩週以後，一與匪軍相遇，竟至全軍覆沒，他個人也就單獨地溜走了。」

我們要知道，打仗專靠匹夫之勇，是不行的，何況有些人連匹夫之勇也沒有，他們平日醉生夢死，甚至酒地花天，問及他的防地，就說是堅若金湯，一旦土匪要來了，就濫報軍情，極力誇大，說該匪如何雄厚，以為他自己失敗卸責的張本；如果僥倖土匪退去了，就虛報勝利，說斬馘多少，擄獲多少，說得天花亂墜，以為請獎升官的成績；如果不幸而失敗了，就說是眾寡不敵，彈盡援絕，一切責任都推卸得一乾二淨，像這種將領，真是誤盡大事。

現在剿匪，常是說土匪如何眾多，以致眾寡懸殊，無法應付，其實抗戰期間，我們的兵，常常多過敵人好幾倍，也吃敗仗，可見兵在精而不在多，在於平時部隊有訓練，有準備，將領有智謀，臨事才能有所成就，才能以寡敵眾，我在滇西作戰時，敵眾我寡，卻常常打勝仗，尤以仁安羌之戰，敵人兵數將近一萬，困了英軍八千多，我們以不足一團的人數，打垮十倍於我的敵人，救出十倍於我的友軍，造成了我軍作戰的第一次光榮聲譽，何況現在土匪並沒有好好的訓練，我在東北看到的匪軍，都是骨瘦如柴，不成人形，而火力及海空軍

一〇三

的配合，又遠不及赤俄，如果赤軍的統馭者肯用智謀，能夠計劃周詳，指揮得當，又何至於吃虧呢？所以軍隊的統馭者，必須要有智謀，才能爭取勝利。

所謂智謀，不一定是先天生成的，比較後天的修養鍛鍊學習而得，要能以古人及別人的經驗為經驗，並且也不是臨時所能驟然產生的，也要賴平時多加培養學習，凡事肯用工夫，肯用腦力，即所謂戰不忘學，學不忘戰，使平時戰時，打成一片，就自然能夠表現成績了，如果長官平時不努力訓

一〇四

練部隊，到戰時就能使部隊去作戰，就等於拍賣部隊、葬送部隊。我還記得在潼關時曾有過一樁這樣的事：

「民國二十五年，西安事變的事發，我團由海州開到潼關，當時為[illegible]司令部教我派一連人去作警衛，這一連到達司令部後，除了當日在服勤務的士兵外，對其餘的士兵仍照我平日的規定，出操訓練，而司令部的參謀長卻大罵那連長，說：「你們是來訓練的，還是來担任警戰的」連長說「我們團裡的規矩如此，除現場實作勤務者外，每日都要不斷訓練」，參謀長說「這是作戰時候呀！」連長說：「平時都戰時都是一樣」，參謀長說「胡說，我不懂這些洋規矩」，自然那連長也只得唯唯而退了。」

由此可見現在的一般軍隊統馭者，絕不肯從不斷的學習與訓練中去增長智慧謀略，而一味的顢頇須從事改進。

德侯曾說

「現在的將領，腦筋全在睡覺！」

一〇三

這真是慨乎其言，否則就是以其智慧謀略，用於應酬鑽營，縱橫捭闔，鬥角鉤心，無所不用其極，而其目的，只在乎爭權奪利而已，這樣，國家大事，又焉得而不敗壞，說來真是可歎！

五、品德好：

不但是一個普通的統馭者，須要有優良的品德，而一個軍隊的統馭者，更須要品德好，才能感召部下，因為品德好，以德服人，這種力量，是從內心發出，即所謂精誠感召，雖然視之無形，而力量卻是最大。吳子曾說：

「然其威德仁勇，必足以率下安眾，怖敵決疑，施令而下不敢犯，所在而寇不敢敵，得之國強，去之國亡，是謂良將。」

——吳子，論將第四，武經一七四頁——

可見軍隊統馭者以德率下，一方面可以使部下心悅誠服，施令而下不敢犯，~~一方面也可以~~做到視長犯長者的境地，一方面，就是與部屬對立的敵人，也要為之敬畏，而不敢輕易來犯，這種良將，當然

一八

得之則國強，失之則國亡，我國歷史上這樣的人物，實在不少，譬如我國宋朝的岳飛，品德嚴正，忠貞貫日，部下都非常的悅服，曾以五百之眾，大破金韃子兀朮的拐子馬，乘勝追至八朱仙鎮，大有規復北方的聲勢，所以當時他激勵部下說

「今番直搗黃龍府，與諸君痛飲耳」

—見宋史岳飛傳—

岳飛帶兵紀律嚴明，御之以德，所以金人懼之如虎，在金人軍中，曾有這樣的歌謠：

「撼山易，撼岳家軍難！」由此可見金人敬畏的情形，自然不敢輕易來犯了。可惜奸臣秦檜主和，以[illegible][illegible]召回岳飛，下獄而死，宋朝也從此偏安江南，日益衰弱，永無收復中原之日，真所謂「得之國強，失之國亡」了。至今東北隆安（今農安縣）還建有岳飛的塔，據當地一般人傳說，是金人被岳飛打敗後，一面怕他，一面敬他，所以建了這個塔以示崇拜之意。由此可見品德好的統馭者，就是敵人也會佩服得五體投地了。至於如何才可以使品德好，就在乎待人以誠，處

一二

一七〇

事以正，謀周以忠，不怕艱難，勇於負責，能有義氣，絕不虛偽，就是我常常說的「義勇忠誠」四字。而孫子所說：

「將者，智、信、仁、勇、嚴也」

——孫子始計第一，武經三頁——

也就是認定作「將」的，第一就應該具備這五德，只有以德將，才是作將帥的第一条件。大家現在在這兒受訓，我希望个个都能造成將材，都能學習古今的好榜樣，以期將來能有所成就，正如文正公說：

「做好人、做好官、做名將，俱要好師好友、好榜樣。」

——曾胡治兵語錄三章尚志第六六頁——

因為做一个軍隊統馭者，只有品德好，以德去感召部下，使大家忠貞效死，則任何艱難，任何誘引，都不能摧毀這種力量，我希望大家能熟讀古人的品德，能學古今中外的好榜樣，能學岳飛的大忠大勇，將來自然能夠建功立業，名垂千古。

一八

六、有良心血性：

一個人要有良心血性，才會造福社會，而不去為非作歹，因為良心血性，是做事的原動力，所謂一切都能憑良心去做，則一切事，必定能夠做得很好，否則做一些絕沒有良心的事，那自然是有害於人群，流毒於社會了，古人說：「哀

哀莫大於心死」。

這心，也是指的良心，因為死了良心，就會不辨善惡，不論是非，任意胡行，是則奸盜邪淫，何事不可

為。至於「血性」是指的血氣之偏的「天性」，因為人性本善，所以照着天性去做，也就自然是合理的，正常的，善良的，一般人最可怕的，就是因為着後天的人慾，而汩沒了先天的善性，亦即是血性，更淺顯的說，所謂血性，也就是一般所說的「正義感」。

至於軍隊統馭者，肩負着保國衛民的天職，更應當富有良心血性，曾文正公說：

「帶兵之人，第一要才堪治民，第二要不怕死，第三要不急急名利，第四要耐受辛苦，治兵之才，不外公明勤，不公不明，則兵不悅服，不勤則營務細巨，皆廢弛不治，故第一要務在此；不怕死，則臨陣當先，士卒乃可效命，故次之；為名利而出者，保舉稍遲，則怨；稍不如意，則怨，與同輩爭薪水，與士卒爭毫釐，故又次之；身體羸弱者過勞則病，精神乏短者，久用則散，故又次之。四者似於求備，而苟闕其一，則萬不可以帶兵。故吾曾謂帶兵之人，須智深勇沈之士，文經武緯之才，數月以來，夢想以求之，焚香以禱之，蓋無須臾或忘諸懷。大抵有忠義血性，則四者相從以俱至；無忠義血性，則貌似四

一七六

無、終不可恃。

—曾胡治兵語錄第一章將材第一頁—

可見我們看人，最要緊的，是注意他的忠義血性，有了忠義血性，則其他的優點，自然都有了。有忠義血性的人，甚麼艱難困苦的事，都能注意去做。尤其青年人，正是血氣方剛的時候，活力充沛，都有着遠大的志願，是最富有良心血性的時期，也就正因着這種良心血性，推動青年人去奮勇邁進，因為有了良心，就有良知良能，所謂良知良能，孟子已解釋說

六

「人之所不學而能者，其良能也，所不慮而知者，其良知也」

——孟子，盡心篇上——

這「良知」「良能」就告訴了我們，那件事應該做，那件事不應該做，譬如偷盜，去做的時候，一定感到內心慚愧，覺得這是可恥的事，這內心的自責，就是良心的表現，也就是良知。及至真的做了，把良心一橫，也就是把良知消滅了，也就無所謂慚愧與恥辱了。既無良知，一味為非作歹，全不做一點好事，更無所謂良能了。所以一定要是有良心血性的人，才會知廉恥，沒有良心血性的人，寡廉鮮恥，無所不為，甚至卑污苟賤，諂上驕下，凡事說得天花亂墜，究其實質，全在自私自利。孔子說：

「巧言令色，鮮矣仁。」

——論語學而第一、陽貨第十七——

所謂不仁，就是沒有良心血性，一個部隊長，如果沒有良心血性，一定不能使部下，而得士卒之心，因為要得士卒之真心，要得士卒之死力，絕不能以錢財去結納，而應當以良心血性去激勵感召，曾文正公說：

二一

「古來名將，得士卒之心，蓋有在於錢財之外者，後世將弁，專恃糧重餉優，為牢籠兵心之具，其本為已淺矣，是以金多則奮勇蟻附，利盡則冷落獸散，」

—曾胡治兵語錄第一章「將材」第十二頁—

所以古今求將之道，全重在有良心血性，胡文忠公言說：

「求將之道，在有良心，有血性，有勇氣，有智略。」

—曾胡治兵語錄第一章「將材」第五頁—

不但統帥求將，要選用有良心血性的人，就是普通帶兵官用人，甚至是用一個勤務兵，也要有良心血性，否則職位雖小，壞事卻大。古來名將壞於身旁小卒之手的，也不乏其人。至於如何才可以見得他是有良心血性，就在於考察那人，是否真誠是否涵養得有正直之氣。胡文忠公曾說：

「天下強兵在將，上將之道，嚴明果斷，以浩氣舉事，一片肫誠；其次者剛而無虛，朴而不欺，好勇而能知大義。要未可誤於矜情虛浮之輩，使得以巧飾取容，真意不存，則成敗

二二

二二

利鈍之間，顧忌太多，而趨避愈熟，必至敗乃公事。」

曾胡治兵語錄第一章「將材」第六頁—

所以上而至於高級將領，下而至於排連營團長，一定要有良心血性，一片肫誠，浩氣磅礴，所謂浩氣磅礴者，就是能知大義，能辨是非，任何艱難困苦而能不變其節操，不挫其志氣，也就是孟子所說的「浩然之氣」，文天祥所說的「正氣」。古今來聖賢豪傑忠臣孝子烈士義婦，就都是浩氣磅礴者，不是現在有些帶兵官，全無真誠，驕於懦弱，平日專事應付，粉飾表面，到戰時則避重就輕，投機取巧，有好處就爭功爭利，惟恐不先，有困難就推過卸責，惟恐不後，這種帶兵官，根本談不上甚麼良心血性，就是現在的青年也因為風氣的傳染，習於虛浮驕矜，不切實際，這種毛病，最是壞事，必須革除，以後希望大家本純真，無論用人自處，都注意良心血性，做到以浩氣辦事，就自然是趕上時代的革命青年了。

七、志氣高尚：

「志氣」與「慾望」不同，「志氣」在乎做事，造福人羣，有利國家社會，誠意實幹苦幹，以達到其志氣，「慾望」則為的升官發財，絶對自私自利，追求個人的享受，甚至損人利己，亦在所不惜。有志氣的人，是本著良心血性，負起對國家對社會對人類的責任，以救國救民為己任，不甘虛有此生，要作一番轟轟烈烈的事業。　國父嘗說「青年要立志做大事，不可立志做大官」既知科學家以發明一切事物，而提高人類的生

二十三

活水準，或是解救人類的痛苦，這便是他的事業，像愛迪生
發明東西很多，以及此次戰爭中發明的「DDT」「配尼西林」等
都是造福人群的，又如工程師以建築橋梁房屋造福人
群為職志，這些便是他們的事業，凡是專心研究成為學術
上的權威，或有所發明創造的人，就是事業的成功，這便是青年
做那些之
應有的志氣，至於從政治上軍事上或其他社會活動上直
接衛國救民造福社會的工作，那更是舉世佩仰傳名後
世的偉大事業，更是青年所應有的志氣。如果只專想做
官發財，專為一己的私慾打算，以至誤國誤民，
終於誤己，古今中外做大事而傳誦人口，流傳百

二一〇

世者為數極多，反過來看，古今中外做大官與發大財的，為數亦不少，而歷史上加以記載使人傳誦的却是不多，而且做事並不限於地位的高低，若大發明家愛迪生，就是一個學徒出身，終究做出了不少的大事業，又如美國的汽車大王，不過以一元美金起家，所以說縱地位低下，或是境遇窮苦，只要真有志氣，一定可以做成真正的大事業。

我國過去一般人，有一種最不對的見解，就是說「學而優則仕」（論語，子張第十九）好像讀書人的最終目的，就是為的做官，實在是莫大的錯誤，我認為讀書人，更應愛國家的熱

一二四

以國民的身份，貢獻於國家，貢獻於社會，為大眾服務，乃是現在一般青年學生，很多秉承了這種錯誤的見解，並為時下的腐敗政治風氣所傳染，卻缺乏做事的志氣，服務的精神，平日就學會了吹牛拍馬，以認識大人物為榮，以便借因緣倖進，所以全是投機取巧，走捷徑，不肯實幹苦幹，等到從學校中畢業出來，因為已經養成了壞的習慣，到社會上也就做貪官污吏，在學校中罵別人，到社會上又同樣受別人叫罵，這種原因卻由於不曾把人生意義看得清楚，沒有

一一六

正確的人生觀，殊不知國家培育人才，是為了百年大計，要个个人都能為國家為社會謀福利，尤其~~單要每个受教育的國民，也都能以造福社會國家為个上目~~的，以前教育的最高原則，是「忠孝節義」，是「禮義廉恥」，就是「窮則獨善其身，達則兼善天下」，所有四書五經，都是講的這些道理，現在教育的原則，是為人類謀幸福，換言之即是每个受了教育的國民，都應貢獻其全部的精力，甚至連僅有的生命，為社會，為國家，以及整个世界人類服務，使社會國家以及人類都能受到恩

一一五

患、這就是我們現代青年、應有的人生觀、即如二冊西斯說的「DDT」、盤尼西林「等的發明、以及愛迪生的種々發明、都是造福人羣的、這才真正表現了教育的最高原則。

至於軍隊的統馭者、更應當把帶兵看作是教育國家民族的機會、可是現在就有好多人、把帶兵看作是一樁「差使」、是一種「資格」、甚至還有些人看作是一個發財的官位、只有很少的人、才把帶兵看作一種責任、看作一個做事的崗位、所以有很多的人、一旦做到「師長」「總指揮」、一切自私的目的達

一一八

了，就藉詞出洋，追逐國外，這實在誤解了人生的意義，沒有高尚的志氣。所以曾文正公說：

「凡人才高下，視其志趣，卑者安流俗庸陋之規，而日趨汙下，高者慕往哲隆盛之軌，而日即高明，賢否智愚，所由區矣。」

——曾胡治兵語錄第三章「尚志」第六○頁——

關於這點，我可以舉出兩個有趣的例子：

「從前我團裡的勤務兵，有一個小孩子，非常勤謹，做了兩年多，忽然一天，我見他鑲上了兩顆金牙，當時還以為他的牙壞了，就去問他，他說「我出來當兵，就是為了想鑲金牙的」，因為他小时在家，見別人当兵回家，鑲上金牙，他覺得非常好看，就立下了当兵的志願，因此才跑了出来。

「還有家的一位親戚，是在京師大学堂畢業，由專学工程，當时他常々說：「此生無他志願，發財三百萬足矣」。當时家年紀輕，就覺得他志氣太小，現在想来，覺得他根本錯誤，因為國家從小学中学培養到大学畢業，耗費的國幣很多，不想於学成以後，報效國家，卻日夜只想發財三百萬，圖个人的享受，這還算得是志氣

一一二

嗎？此以青年立志，就應當分辨清楚，才不會貽誤終生，看那位親戚至今還在，此生也不曾完成甚麼偉大事業，至於三百萬元的大財，也不曾發得。」

現在一般青年，常在未出山之前，就不是在事業崇尚方面立志，而專向富貴利祿方面著想，所以一入仕途，就隨波逐流，貪污成風，目今政治的腐敗，社會的動亂，未嘗不是導源於此，當然，這些風氣，由來已久，早在洪楊時代，胡文忠公就有感於此的感歎：

「方今天下之亂，不在強敵，而在人心，不患愚民

一一七

民之难治，而在士大夫之好利忘义，而莫之惩

——見胡注全記第三章「尚志」第七五頁——

以胡文忠公当时的言论，来衡现势，真是如出一辙，我们亦仍要知道，当国家危险紧要的关头，有良心血性的青年人，应如何的立定宏愿，以拯救国家的危亡，以解除同胞的痛苦，何能见利忘义，置国家大局於不顾呢？」黄文正公当时目睹民生的痛苦，朝政的窳败，士大夫嬉游无耻，不禁感慨的说：

「无兵不足深忧，无饷不足痛哭，独举目斯世，求一攘利不先，赴义恐后，忠愤耿耿者，不可多

二八

得，盛僅得之，而又屈居卑下，往往抑鬱不伸以挫以去以死，而貪饕、退縮者，果驤首而上騰，而富貴，而名譽，而老健不死，此其可為浩歎者也。」

——見胡璉兵說民國三十三年「尚志」第六四頁——

又說：「今日百廢莫舉，千瘡並潰，無可收拾，推厥此耿耿精忠之寸衷，與斯民相對於骨嶽血淵之中，冀其塞絕橫流之人慾，以挽回厭亂之天心，庶幾萬一有補，不然，但就时局而論之，則滔滔者不知其所底也。」

——曾胡治兵語錄第三章「尚志」第六三頁——

革命軍人，當這國家民族危急存亡之秋，一定要立定志願，保國衛民，以塞絕人欲，挽回天心，雖然目前軍事上遇到挫折，但軍人的志氣，絕不可挫折，只要革命有志氣，有決心，有毅力，終必能挽救危局，曾文胡左宗諸公當時，雖然一度非常危險，但終究能夠完成中興清室，此即最好先例，所以胡文忠公說：

「兵事以人才為根本，人才以志氣為根本，兵可挫而氣不可挫，氣可偶挫而志不可挫。」

——曾胡治兵語錄第三章「尚志」第七四頁——

曾文正公也說：

一一七

「方今天下大亂，人懷苟且之心，出範圍之外，無過而問焉者，吾輩當立準繩，自為守之，並約同志共守之，無使吾心之賊破吾心之牆子。」

——公開演講錄第三集「尚志」第六七頁——

又說：

「古稱金丹換骨，余謂立志，即丹也。」

——公開演講錄第三集「尚志」第八〇頁——

通常一般人的「慾望」，就是曾公所說的「吾心中之賊」，也就是道家所謂「凡骨之累」，而「志氣」卻是「心之牆子」，是「換骨的金丹」，一定要志氣堅定，百折不回才能排除一切「慾望」的誘惑，才能換去凡骨而成仙，亦即儒家所謂超凡入聖的境地，何況當前國家危殆，保國衛民更是軍人的天職，尤其目前帶兵官，一定要有抱負，有志氣，立定腳跟，不隨波逐流，而担負起最高領袖所給予我們的責任——戡亂建國，要不畏艱險，彈精竭力，盡一己的職責，作一番事業，以成為劃時代的英雄，一切只求盡之在我，不成功即成仁，死生榮辱，儘可置之度外，這樣，左文襄公曾說：

「天下紛紛，吾曹適丁其厄，武鄉侯不云乎，「成敗利鈍，非所逆覩」，則亦竭其心力，盡其職守，靜以待之而已。」

曾胡治兵語錄民卅八三年「尚志」第八一頁——

曾文正公也說：

「余死生早已置之度外，但求臨死之際，寸心無可悔憾，斯為大幸」

——曾胡治兵語錄第十三章「治心」第七十九頁——

蔡松坡先生也曾說：

「今日時局之危殆，禍機之劇烈，殆十倍於咸同之世，吾儕身膺軍職，非大發志願，以救國為目的，以死為歸宿，不足渡同胞於苦海，置國家於坦途。須以耿耿精忠之寸衷，獻之骨嶽血淵之間，毫不返顧，始能有濟，果

二一

能拿定主見，百折不磨，則千災百難，不難迎刃而解。若吾輩軍人將校，則以躋高位享厚祿安福尊榮為志，目兵則以希虛譽，冀餉糈為志，曾胡兩公必痛哭於九原矣

——曾胡治兵語錄第三章「尚志」第八二頁——

曾左諸公，目擊咸同之時，洪楊變起，民生苦痛，所以大發宏願，邀集同志，起而匡時救難，完成了清代中興之局。蔣總裁先生，看到袁世凱的恣橫，陰謀帝制，覺得國家危殆，十倍於咸同之世，於是發奮而起，終於打倒了袁世凱，保存了民主政體，但拿今日我國家

一二八

民族的危殆情形，比之袁世凱時代，何止十倍百倍，若比之咸同之世，更要是千倍萬倍了。因為咸同之時，洪楊起事，民生雖然因而痛苦，但若論在民族的立場來說，洪楊成功，打倒了滿清，光復漢族山河，還是一種民族的自覺運動。而曾左諸公站在平亂救民的立場，平定禍亂，拯救人民於水火，其功勞也不可磨滅。所以就當時以言，假然太平天國不能平定，於我國家民族並無影響。至於袁世凱時代，假然袁世凱成功，恢復了帝制，就政治制度上說，當然是落伍的、不合理的、然而那還是中國人統治中國人，他沒有亡國滅種的

五十

危险，而現在的情形怎樣呢？如果我们不能戡平匪亂，讓中國共產党成功，那就要亡國滅種，使我中華民族陷入萬劫不復之境，因為共匪絕無民族國家觀念，只知作共產國際首領蘇俄的附庸，中國共產党实質就是蘇俄的第五縱隊，而蘇俄的革命方式，是先要徹底破壞，澈底改變，然後建立新理無產階級的政权，依照蘇俄式的破壞，亦即共匪的辦法，要使子殺其父，妻殺其夫，弟殺其兄之，絕滅倫常，全無道德觀念，然後來導人民於極權鉄幕之下，絕無半點自由，有人說，在资本主義之下，雖然

一二八

窮得要飯，卻有要飯的自由，如果是在蘇聯鐵幕之下，就連要飯的自由，也不容許有，這一點，我們一定要明白，我記得在歐洲時，曾遇到一樁這樣的事：

「那是聯合國的一個參謀會議，我作主席，由中美英法蘇五國代表參加，議會要各國代表，各提出一種草案，限兩日交卷，以便討論，到期中美英法四國代表，都已交卷，獨蘇聯代表，不但不交卷，反向秘書處索取其他四國所提的草案觀看，藉口用作參考，到了開會討論時，他仍是不拿出草案來，我就責難他不但不遵守議決案，又不出草案，反而只看其他國家的草案，這是不光明的行為，那蘇聯代表就面紅耳赤的說：

「請原諒我，我是蘇聯人，不像你們可以自由說話呀！」

大家由此可見蘇聯限制人民的自由，已到了如何的地步，還有上次羅家倫大使，也說過一個故事：

「駐在某國的蘇聯大使，接到了本國來電，說他的太太於某天到了，要他去迎接。及到飛機降落後，由機上跳下來的女人，他不認識，而那女人卻非常親熱的估量到了大使的身份，跑上前抱着熱吻，表示是老夫妻的一般，這位大使也只得默然的承受了。原來

「三三曾甫」

一二二 續稿一

試探太太者也，却是政府支配來的，藉以監視大使的言行。」由此可見蘇聯的鐵幕如何了。我有一个外國朋友，最近到過蘇聯，從最難得的機會中，與一个蘇聯的鄉下人談話，問他們生活愉快否，那蘇聯人說「只是生存而已，根本談不上快樂，一切生活意義，更談不上」。我的朋友說「這樣的生存，豈不是生不如早死」，他說：「他們還有一个希望，第一个希望是希望在第二次世界大戰時，蘇聯被打敗，然後他們衝破鐵幕，而求得生活的自由，精神的復活，與一切的解放，」——他們所說的解放，才是真正的解放——可是結果，蘇聯勝利了，他們也失望了，不過這不是他們老百姓願意打勝仗，而是狂妄的希特勒處置錯誤，戰爭剛開始的時候，德國前進很快，到了史大林格勒附近，於是希特勒得意忘形，殺了俘虜幾十萬，並且到處屠殺，這樣才把蘇聯人激憤起來，史大林乃就趁機喚起全國人民保衛祖國，因此他們起而抵禦外侮，才轉敗為勝，否則他們是願意史大林失敗的，但是他們的第一次希望雖然沒有達到，還有第二次希望，就是希望在下一次世界大戰中，史大林失敗，唯有史大林失敗，他們才能過着自由安樂的生活，這是蘇聯一般人民的希望，由此可知蘇聯國民所遭

二二 曾胡

受的痛苦，是如何的慘烈，而中國共匪毛朱之流，卻還要喪心病狂的將整個的國家人民，送入史大林的懷抱，要去叫大鼻子作爸爸，那麼我們所過的生活，將更不如蘇俄國民了，大家須知赤色帝國主義者的目的，是要滅亡我國，滅我種族，使我中國人民成為蘇俄的人民，所以他是自己有祖國，而要別的國家忘記祖國，變成他的奴隸，等到將來被他征服了，亡國了，再想來反抗自救，就沒有辦法了，一個沒有國家保護的人民，那才是悲慘萬分，試看現在的猶太人，境遇何等可憐，其實現在世界上的科學家，思想家，以及財閥等很多都是猶

二十三頁 初二

議和，那真是千古之恥了。

何況軍隊是最足為國家的代表，我還記得我帶領三十八師進入印度時，備受英印人歡迎，就因為我軍在仁安羌之役，曾以不滿一千之兵，擊敗十倍於我之敵，而解英軍八千之圍，致使英國官兵，個個都豎起大拇指高呼「中國萬歲」！「而要長萬歲」更有許多軍官，在被解救之時，壓制不住感激的熱情，抱著我們的軍官，跳了起來，一直到我們轉戰入印，還對我們，對我們中國，輸以無上的崇敬，這才是我們軍人的光榮，所以做一個軍人，一定先要有

一二七

高尚的志氣，有了志氣，才如船的有舵，不會走錯方向，而且這方向一定要正確，如果立志做大事，就會將事做得好，天天有長進，如果幻想升官發財，不但不能成功，而且愈走愈迷，終而至於墮落下去，不可自拔，在這立志的出發點，我們一定要分辨清楚，所謂差之毫釐，失以千里，立志既定，然後百折不撓，則事業自然能成功，現在我再以我做事以來所受的挫折種種，略說一二，以供大家參考：

(1)中央黨務學校作隊長：

我為什麼立志學陸軍，這在讀軍隊統馭的

一二四

特點時，已經向大家說過，不必再提，及至我軍事學完了回國，已經是民國十七年，北伐的國民革命軍，早已奠都南京，北方快要全部奠定了，而我呢，卻是一個十足的洋學生，中國軍隊裡一天也沒有做過，甚至口令也不會喊，不說做別的，就是去當一個班長，也自覺不行，所以我決志從下層做起，以期求得實際帶兵經驗。那時有同學在長沙籌劃組織騎兵團，把我邀到長沙，誰知所謂騎兵團僅只四人，一個團長一個副團長，加上兩個

一二七

侍令兵、外有裝套破馬鞍、一匹馬也沒有、我見到這种情形、知道騎兵團的組織、甚覺是渺茫、於是就找了七八位同學、組成一班、互為班長、練習口令及小動作、這樣的經過了兩三个月、總覺不是事業、就回到南京謀事、當時聽說方鼎英將軍的部隊、甚有朝氣、我很想到他的部下去學習、就想方法找到了方將軍、誰知他老先生見了我、就給我一頂大的高帽子、說甚麼出洋學生、必為國家重用、他那兒一時沒有

相當位置，不敢大材小用，我雖申說只要
求當一个學兵，他仍是滿口客氣地說，不能
那麼委屈，須待將來有相當机會時，再
行舉進，我就被那麼一套高帽子推却
了出來，在南京亂闖了兩个月，仍是茫無
頭緒。其實以我家庭的世誼，由父親寫幾
封介紹信去求人，很容易找個位置，而且
位置還不會太低，但我覺得真正事業
的開始，不是那麼一回事，不能憑藉家庭
關係或其他地位去營緣倖進，真正的事

二三

業在營最艱難困苦中最下層的基礎上建立起來，~~才是帶軍事的中堅基礎~~。所以我寧願自己從艱難中去創造，絕不願靠家庭關係去鑽營，後來，忽然有一天，遇見了一位山西籍的同學，他本來低我兩三班，談起了工作問題，他就告訴我，有人教他到中央黨務學校去當隊長，他嫌職位太小，不願幹，因為他回山西，起碼可以作營團長，我當時就說：

「你不幹，我來，請你設法替我介紹。」

這樣我才進了中央黨務學校做事，那學校

一二六

就是現在國立政治大學的前身。當时離開課還有一个月的光景，我就利用了那段时间，向南京各書店搜購了各種軍事學的小冊子，如操場野外筆記等類，日夜研習，後來開課了，甚至晚上看到半夜，以備翌日拿到操場上去教別人，這樣的經過了七八个月，才自覺稍為具備了一点教練的基礎，可以勉強作一个班排長而無愧了。

（2）在陸軍教導師工作情形：

我在中央黨務學校幹了不到一年的光景，

二二二

一二八

恰值中央成立陸軍教導師，招訓學兵，請有德國軍事家作顧問，目的是想新建堅強的國防軍，於是我要求調到馮軼裴將軍部下去工作，以期得到更實際的帶兵經驗。大家要知道，當時的中央軍官學校雖然也完全是軍事管理，但比起部隊的訓練情形，多少有些兩樣。那次的結果我被調為教導師的排長，實際還是教育班長。那時我們是工兵營一連有四個排，四個排長中，惟我年齡最小而且又是洋學生，他們都把我当作初出茅廬的小孩子看待，希望我鬧笑話。而我呢，只知熱心做事，時時去尋事做，所以常常代替他們值星，因為我認為值星，是學習帶兵的最好機會，所以由此多接近士兵，多了解士兵，多學習處理士兵方面的事。甚至一個月有二十至二十五日歸我值星，而他們那兩位卻也正可藉此偷閒，出去玩，要將全連上的事，有我負責，他們一個連長，三個排長，就有兩人抽大煙，記得總司令前後常常清早四五點鐘時，就來

二八

二二八

點名，有一次點名的時候，總司令問我們這連多少排，那位抽大煙的值星排長，舉起三個指頭，搖頭擺腦很神氣活現地說「報告總司令，我這連有三排！」那種散漫的態度，總司令看了非常生氣，當即予以申斥。但他們那些人，表面上與我雖親熱非常，利用我替他們多做事，暗地裡卻非常排斥我，記得年終考績時，連長對我的評語是「青年浮躁，毫無經驗」總之全不是好的批評。我因為是決心去學習帶兵，去求得經驗，所以也只顧做事，絕不過問甚麼攷績評語，是這樣的幹了將近一年，馮將軍見我能夠吃苦，還沒有洋學生的驕傲派頭，就要我介紹幾個同學去工作，於是我分別向那幾位同學寫信，希望他們能夠參加教導師工作，不料好幾個同學回信說：「有闊差當即來」這是他們沒有志氣實心做事，如果是有志氣的，只要能求得學識能動的真寔經驗，能建立事業的真寔基礎，又何在乎職位的高下，可是他們甘心

二二

学校出来，就不肯下身份低頭去做，這些毛病一直到現在，軍隊中還依然流行，可見，從來真堪浩歎！

(3) 在宪兵教導隊工作情形：

我在陸軍教導師幹了一年多，恰巧那时成立宪兵教導隊，預備全國訓練二十萬宪兵部隊，我出現于既有軍事的基礎，我又被調去工作，因為事屬草創，無論大小事情，我無不盡心竭力的去做，差不多可以說是從我一人起慢慢地訓練全体幹部，後來第一个大隊的軍官大隊，及軍士大隊等，都是我亲當大隊長，訓

一三六

練出一團就成立一團，慢慢的依次擴充。當憲兵第一團成立時，照理應派我為團長，因為一切都是我草創出來的，結果派齊學啟為團長，齊先生就是我後來任新三十八师师長時的副师長，与我是同学，我當然贊成，不能說多話，及至第二團成立，總隊長為要應付別人，又派了別人任團長，我仍在教導隊當大隊長，在訓練第三大隊的官兵，及至第三大隊訓練將告成熟，快要成立第三團了，照情理非我任團長不可，果然，不幸的事發生了，結果，我受到撤職處分，我記

（三）

的那是一个上午，因为有几个学员的薪餉，三四 一三八
个月未發，承基於大隊長的職责，应替学员解决困難，就去找軍需主任，說到那位軍需主任，当承作了上校大隊長时，他還是一个上尉，因为他是總隊長姨太太的哥哥，就一年中連陞三級，做到上校軍需主任，平日自恃裙带関係，勢燄薰天，不可一世，当承進房和他交涉时，承話着很客氣的和他講，他泰然坐着那副个很神氣的愛理不理，承很正告的說明学生薪餉非發清不可的理由，他

因為這是向他要錢的事，傷了他的心，就毫無理性的推諉，堅持不肯發放，於是我們由道理的爭執，而互相吵嘴，大家鬧得不歡而散。只以他當時那種無理取鬧的態度，說來真令够使人氣憤，不料這種事情，給上面知道，不獨不問是非，不辨曲直，對軍需主任加以懲處，反而利用這個機會，不加詢問，不等候我的報告，於正午十二時吵嘴，下午四時就來了撤職命令，外加的罪名是第一是勒索軍餉，這事大家試想：以學兵的薪餉是不是應該

一三七

按月發給，何況這還是幾个為了特殊原因夫及領餉的學兵，要求與其他的同樣發放而已。第二是目無長官，以一个大隊長與一个軍需主任毆打，是了不得的。何能謂之長官。（這也是不看自己這邊的話）第三是性情粗暴，不能表率士兵，而且是由總隊長的妹夫，拿着命令來見家，家當時一句多話也不說，馬上發交清楚之，隨即走開，卻原來是他那妹夫，不到幾天就被派為第三團團長，這其中的曲折關係，大家也就可想而知了。其實那時的處警察導隊，正辦理得蒸蒸日上，力事擴充，就是因為他們做事，全是自己拆台，所以不利於人，也就完了。後來才由谷正倫先生培植起來的憲兵。

(4)在稅警團工作，出發江西剿匪二

此後不久，正是一二八的時候，我被調到財政部稅警總團當團長，而憲兵教導隊的那位總隊長後來也又在稅警總團當總團長，我恰巧又是他的部下，照普通的説法，我當了不能幹的，因為前事不忘，大家不免芥蒂，但我卻知做事，不顧其他，只要自己做事不錯，也就不怕長官

一三三

十三二

麻煩了。記得當時我們的佈防，是對江西劉匪，因為那時新淦吃緊，原有的兩師在那兒都吃了土匪的大虧，現駐的八十三師劉戡的部隊，也因為就要調走，所以改我帶的第四團去接防，當我未出發之前，我去見從團長請示，從團長問我有甚麼要求，我說：「我只要求糧彈兩項，請從團長隨時接濟。」從團長當即滿口答應，認為絕無問題，儘管放心努力前進好了。我團的防地是在新淦的七琴，那兒是一個小鎮，裡面情形卻非常複雜，計以原駐防部隊、都吃大虧、並且八十三師不等待我們去接防就早已空防而去，及至我們一到，全鎮都貼有共匪標語，明白的寫着我們是甚麼番號，有多少个人，多少枝槍，團長為誰，他都寫得清清楚楚，並且很恐嚇地說，一个星期內，就要消滅這支部隊，活捉這个團長。這事就是土匪的宣傳戰術，首先即予以精神上的最大威脅，藉以減低我軍銳氣，同時亦由此可見當地人民都已匪化，我們行軍時，竟有人在點數我們的官兵和槍枝，所以數目說得那

二三二

（一三六）

廣漠平曠，並且當天晚上，土匪就來「摸黑」——利用黑夜來偷營，幸虧我們一切都老練周到，所以不曾吃虧。因為我們是以一個團接一個師的防地，所以陣地必須變換，我們將主陣地縮小，改建在山上，而以原來的主陣地附近的村莊改為偽陣地，一切重新佈置，白天拚命做工事，晚上放哨防衛，真是日夜辛苦，無一刻安寧，經過兩星期以後，一切工事做好，才以三分之一的兵力守主陣地，抽出兩營兵力，作機動部隊，在白天派出剿土匪，於是收獲很大、當時附近的土匪，為數很多，大的有四五百人，再加以民眾多已匪化，替土匪作眼線，所以勢力不小，但其匪首所用的武器，多是步槍，很少自動武器，所以白天不敢出來，一到晚上必來偷襲，我們就白天出來，距之於數十里外，隨處搜索肅清，以減少夜襲的威脅，我因為彈藥補給困難，就嚴格規定，有月亮的晚上，非待敵人近到五十公尺處，不許開槍，即使是黑夜，也要等到二百公尺處有響動才開槍，至於白天更絕不准許無目標放槍，因為射擊軍紀很好，所以

一二〇

一三四

收效很大，每次作戰後一小時就將消耗子彈實數報告上來。記得有一次，一个德國顧問來視察，睡到夜半忽然槍声亂起，他驚慌失措地跑來問我，為何亂放槍，我告訴他，這不是我們的士兵放槍，而是土匪偷襲放的槍声。只要仔細一聽，土匪槍声与我軍槍声，就迥然可以辨別，但那顧問不以為然，不能聽出來，並且不相信我的說法，一小時後，我得到報告，只消耗子彈十餘發，他還是不相信，及至天明，我帶他去檢視彈壳，分辨出土匪彈与我軍彈殼的形狀，他才肯信了、當時還有一個類似笑話的故事，也可以告訴大家，因為那兒的老百姓，平日一聽到槍聲，就到處亂跑，非常影響戰鬥的進行，同時他們多已匪化，也常有人藉口逃避槍彈，而刺探虛實，或傳遞消息，我們實在難於週查，恰好共匪傳說我們有新式武器，我就利用這種傳說大肆宣傳，用白紙包很精緻的包着磚塊，上面很大的寫着「瓦斯」等字，搬向廣場大太陽中曝曬，一面派衛哨兵，儼然

一三三

有介事的看守，一面卻分明讓老百姓能够看到，另一方面派政工人員勸導老百姓說：我們於必要時將放射毒瓦斯，恐怕老百姓吃虧，老百姓就問我們，如何防禦毒瓦斯。我們的政工人員說，只有緊閉門窗，將棉被蒙頭蓋着靜聽，庶可免害，此信一出，老百姓大家驚慌，果然節二晚槍響時，老百姓不再亂跑，而提到的土匪，也個個戴了口罩，問他是何緣故，他說：「聽說你們會放毒瓦斯，所以防備。」是這樣清到了半月，

一三二五

收穫很大，繳得共匪的槍枝六百餘枝，俘虜匪軍五六百人，不過赤軍的彈藥所存不多，同時土匪用封鎖的方法，不許老百姓「趕場」，以斷絕赤軍的糧源，因為江西農村交易，還是用「趕場」的方式，按期集合，附近幾十里地的物產以及外來雜貨，都利用「場期」交易，平時並沒有甚麼多的東西可買，這種交易方式，西南各省，普遍通行，或謂之「趕墟」，或謂之「趕集」，或謂之「趕會」，其實性質是一樣的。七琴小鎮，沒有了「趕場」，穀米就無法採購，所以赤軍就急電

一三六

得團長，請求速運糧彈接濟，不料復電到
了以後，真是令人哭笑不得，因為那復電上說，關
於糧彈接濟，由該團長自行設法辦理可也。
幸而彈藥早已嚴格控制，一經檢查，尚可
勉强支持一月，至於糧食問題，因為我軍
入贛之時，知道贛省食鹽缺乏，就以多帶
了十幾擔鹽，而其時江西的食鹽貴得很，老百姓
甚至幾月幾十日不知鹽味，我於是規定，凡賣
一石米與我軍者，送鹽半斤，多者以此類推，老百
姓知道了，都想盡方法，賣米給我們，於是

又很快的收集了一月用的糧食，而匪方的封鎖政策因而無效，土匪見到他的「偷襲」「封鎖」都得不到便宜，反而吃虧不小，就慢慢地都竄向別方去了。誰知正在這地方安靜的時候，九十二師自永豐前來清剿，那位師長來電說：「我師由南向北清剿，即希貴團在北部堵剿」，那時我團正奉命在此次清剿中歸九十二師指揮，當然不敢怠慢，就在新淦一帶佈開佈署，堵了一天一夜，未見一個匪，未聞一聲槍，而師長也就很快的到了，首先就問我「匪竄何處？」我說：「在我的防地內，佈置週密，此次我見一個匪，未向一發槍，也決絕逃竄一個甚麼形跡似匪的人」。師長又問我「要然則你這一團在這兒剿匪月餘的成績呢？」我說「從前此地匪多，經我團力剿，俘獲五六百人，繳槍六百餘枝後，匪即他竄，今已絕跡。」師長就教我將俘虜及繳獲的槍械交他，我不肯，要請示總團長，因為我團此次作戰，雖屬他指揮，並不完全歸他統率，並且各部隊的戰利品，由各部隊的統屬建

一三三

制依次呈報。委員長已有命令規定，那位師長見我多些，過了三天就毫無聲息的走了，仍回永豐去，聽說在永豐還大開其祝捷大會，再過三天，南昌的委員長行營來電說：「據某師長報告，新淦方面之匪，經某師痛剿，殲滅甚多，可惜孫團不聽指揮，堵剿不力，致使殘匪北竄，仰該團長速將情形具報，以憑查究」。我於是將委員長的命令及當時實在情形，詳細報去，請派大員澈查，並請追究虛報者的責任，結果

（三）

一三八

也就沒有下文。所以過去剿匪不成功，在江西时代，就已種下禍根，一般高級指揮官沒有指揮道德，「消耗」「苦頭」讓别的部隊吃，「功勞」「戰利品」争歸自己部隊，因此互不调協，就致使土匪有喘息逃竄的餘地，否則早已剿滅，何至今日，說來真够痛心。

在江西剿匪年多，我团又调回海州训练，不久〔5〕参加八一三上海抗戰之役，換來了一位總团長，他派特務監視我的行動，目的是想借故換掉我，但我团教育的成績很好，無法換掉。後来南京軍校成立高教班，那位縱團長勸我去讀書，並且坦白的說，在中國帶兵，不能沒有系統，進高教班，就可以取得一个聯繫，我說：「我念書直到二十八歲才離開學校，尚且未念好，現在三十多歲了，也就不想再念書了。」他見我為此也就無法可使，隨後年多，就發生了八一三事件，在八一三之役，我在丁家橋的作戰情形，上次講到「以身作則」那一項時，也曾大畧的說了一些，那次作戰以後，我團奉命調回蘇州河整理。但當我們自火線撤下來時，又很冤枉的受了些犧牲当时我团的一线，規定由第一軍第一師此部接防，我為了顧及陣線的穩定，恐怕友軍接防的佈署未定，給敵人以可乘之機，會要吃虧，就教他們從後面接上去，步步站穩，以要求安定，這實是一種非常友好的行為，不料彼則有一營僅友軍接了後面的防地，就不許我營前頭的士兵撤下來，我營分明是奉命調防，他也不管，竟向前面奉命撤下來的開槍，結果寃枉犧牲大半，全是從後面打死，然後他們拿了槍去報功，這種情形，真是令人氣憤，及至我們到了蘇州河以後，上面指揮者的意思，還是以為大場可以守住兩月，我們足有兩個月的工夫，可資整理，但我就向上面報告說，三五天內，蘇州河就要成為第一綫，我們必須從速佈署，果然，不幸而言中，某師團上大場，一碰即垮，接着敵人就來到了蘇州河，並且渡過了五百餘人，本來 委員長當時嚴厲的命令，敵人凡在何處渡過蘇州河，該處防軍之首長，即要軍法從事，於是，團長即來電話責問我，我說「我雖未能阻止敵人

一四八

一四八

渡河，但我確有把握即行消滅渡過來了的
敵人，結果在當日下午五時以前，就消滅了
敵人五百餘，並破壞了他們架以渡河的輕便
鐵橋。五時，我將作戰達成的情形以電話報告總
團長，並問其他要有何情況，敵人既在我
團防地渡河，則其他各團防地也有無敵人強渡
情事，總團長說「沒有」，於是我放心了，就由大
後走回指揮所，距離才不過一千公尺即又果，總
團長以電話告訴我，左翼劉家宅我軍第
三團防地，敵已渡河，正待消滅，當時我甚覺

奇怪，因為剛才還說沒有人陣亡，現在忽然又有了，而且正是該團長平日認為最精銳的第五團防地，原係我們援團，當時參戰的共有六團，第五六兩團是我的該團長到任以後成立的，所以該團長平日只認為第五六兩團最好，而第五六兩團長也就驕矜自許，自認為是該團長的中堅，頗看其他各團不起，不料第六團參與上海之戰後，就到處亂散了，而第五團呢，恰在原團的左邊佈防，敵人在原團防地陣亡時，同時也在第五團防地陣亡，

一四一

不過那位團長自認為是從團長相信之人，暫行動上也就隨便多了，同時又相信敵人不會那麼快的打到蘇州河，所以他在上海城中逛了三天，等回來，才知道敵人業已渡河，而他連自己的陣地在何處，也不知道，甚至連長也有不知陣地在何處的，現在竟能讓敵人已在自己的防區渡河，就虛報情況，向上面請援，從團長當然異常關切，就派第三團一團去增援，不料因為作戰的場地實在狹小，而第三團官兵，分不清陣地，一味胡亂

一四七

放槍，及至第三團加入後，一面有敵人的攻擊，一面加着自己部隊的互相射擊，黑天實在的很快，就被消滅了。因為我當時(升)兼任為一個支隊司令，所以那天晚上從團長又來電話，故我去指揮第五團，我去看了一趟，知道情形，只得回來報告徐團長說，我沒有辦法指揮第五團，因為他們的情形太混亂了，第二天，又從三十六師調來一團增援，又以同樣的情形被消滅，又過三日，已經是第三天了，我記得好像是十一月三日，拂曉之時，敵人放了煙幕彈，於是風寒料峭的大家驚擾，以為敵人在用毒

一四八

瓦斯，又說敵人業已大舉渡河，從團長以下氣急得
張惶失措，氣急敗壞的說：「大勢已去，大勢已去！」
因恐受到軍法處分，提起手槍，就要自殺。那當
時見到這種情形，覺得長官如此著急，軍人
天職，應當見危授命，救護長官，殺敵致果，
就自告奮勇的說：「請從團長回去休息，讓我
帶兵去抵擋。」本來那條路不是我團的防地，就不
屬我的責任，從團長平日待我無恩，照著通
敵人情勢利的道理說，我就犯不著去替死，
但我絕不是那麼想法，我只覺得守土衛國

一四二

義許多萬，盡忠長官，是軍人本分，就應不猶豫畏怯的帶了李邦傑營衝向第五團的防地，與敵人拚命，從上午九時一直打到下午四時，陣地給我收回了，敵人傷亡的多被消滅，未消滅的也逃退回去了，但我營傷亡很大，營長陣亡（可憐那營長的兒子還只七歲，現在相隔十二年，聽說最近已隨七十四軍來台灣，有十九歲了。），連長只剩了一個未死，排長死的更多，士兵四百餘人只剩兩百餘了，我報告給團長說陣地已經收復，敵人已經退去，後團長說：好了好了，你去休息，因為我三天兩晚，兩度大血戰，全未休息，精神實在疲之極了，但因為該地敵人傷亡已有三日

一三三

的時候，敵人工事正在做好，雖然反攻非常困難，而我們打退敵人後，敵人所架的輕便鐵橋，還不曾被破壞，我當時報告給團長，認為一定要在當晚把敵人的輕便鐵橋破壞，才算完成了任務，否則橋不破壞，敵人仍舊隨時可以渡河，當晚我就想盡方法去破壞那鐵橋，第一次用棉花點了火油從上游順流放下去燒橋，因為防地就在申新紗廠那兒，所以棉花等取用甚便，不料敵人早就預防到這一点，在橋的上游架有鐵絲網，所以這方法失敗了，第二次造 一四三出些最有勇敢而善泅水的人，隨身帶着手溜彈潛水中游過去，破壞那橋，也未成功。第三次派人繞道偷襲，也未成功。及至第四次，會同工兵營，請派一排工兵，以水雷從上游擲放去破壞，可是那工兵不是我訓練的，大都畏怯不前，藉端推諉，工作很慢，我們雖陪着工作，但技術上不能不依賴工兵，因此到清早四點鐘的時候，還未完成任務，而已被敵人發覺，以猛烈火力集中砲擊，重機槍、迫擊砲等，都集中掃射我陣

一四四

地，我軍死傷枕藉，我本人也受傷十三處，被他們從死屍中尋出來，早已昏迷人事不知了，及至稍為清醒覺得自己的責任還未完畢，故他們抬我到指揮所通電話，報告總團長說「軍便橋仍未破壞，我已受傷，無能為力，已交某人代為指揮。」話一說完，我覺得責任已了，不覺頭眼一昏，電話筒隨即從手中掉了下來，我也就昏迷不醒了，後來他們才將我送進醫院，我記得這天恰是十一月三日，到了十一月八日，上海就撤退卻了，我進醫院後三天，才能認識人，總司令長官在撤退卻之前，大約是七號到醫院中來看了我一次，送我五百元，聽說當我受傷下來，總司長官很感動的說，孫某人真對得起我，以後如果我有飯吃，孫某也不愁沒有飯吃。及至撤退卻之後，也就無人來醫院裡過問我了。幸喜宋子文先生知道我受傷，進了醫院，就想方法將我運到香港去療治，當時醫生說骨頭已傷，

一〇六

恐怕要成殘廢，而且還有一顆子彈在胸
肋之間，無法取出，只得嚴密消毒，聽其
長好而已，經過了兩個月的療治，我才勉
強的可以下床，有一个臂膊，只能僵直的垂
下，不能自動彎曲，又經過醫生的診治，護
士每日的按摩手術，以及我自己晝夜不息
的操練，才慢慢地將它也令健復如故，當我
在香港養病期間，我時時懷念着我的部
隊，而且那時因傷病在香港治療的部隊，
也很多，還有因撤退而跑來香港的也不少，

一四六

我向宋先生借了些錢收容官兵二百餘人當时我雖十分惦念着我們的部隊，但老是不知道部隊的下落，及至後來看報才知道教導團已退到寶雞，經過改編，總團長當了軍長（第八軍）後來又聽說總團長到了漢口，當时我雖未完全健復，但已經能够行動自如，就坐飛机趕到長沙，因為我的家庭已經遷移到長沙郊外的一个尼庵，我到家中一看，一切非常狼狽，整个家庭所存的錢只有二百多元，但是我仍繼

一〇八

未停留，翌日就乘車趕到漢口，抱著萬分的熱情去見總團長，滿想我與總團長共過生死患難，今日死而復生，能夠重行相見，該是如何感動的場面，那真如離家失落的孩子，重行尋到了父母一樣的歡欣，誰曾料到真的見到總團長時，他竟非常的淡漠，好似不曾相識的一般，當時的我非常難過，想起上海作戰時，我見危授命擔負了非常艱鉅的責任，真是以性命相搏鬥，這種工作的報酬，豈真只值得他當時對這

一〇六

我的五百元呢？他只說「你還回田去休養」，我說「我已經好了，願意仍回到舊部隊去」，他說「好吧，明天再談」，我也說「我明天一定再來晉謁」。誰知他又第二天就回寶雞去了，我覺得他這種態度真是太不近乎人情，使我非常的感慨，難過極了。後來我想想，總覺得患難中過來的上下屬，應該有着很可珍貴的意義，從此樞園長的態度冷淡，我還寫信到寶雞要求救濟，也

一四二

我看到黃鶴，不見回音，後來我才知道（當時正在改編），稅警總團已改編為第四十師，總團長當時以軍長兼師長，因為此一幹部都是我稅警總團的基本幹部，我又是稅警總團的老人，如果我回去，就必須派我為副師長，才洽輿情，而他部正有着私人須派為副師長，所以不顧人情的給我以閑白室而派我到西北胡宗南將軍部下作高參，我因為長少方面還有稅警總團傷病痊愈官兵五千餘人，須待收容，又從來不願做高參等職務，所以就銀告辭職，而他所改編的部隊，後來在開封一戰也就完了。

(6) 成立編組收容隊：

抗戰從團，本年來，共約二萬五千人，上海八一三戰役，死傷的約及萬人，那時傷病在醫院中診治的約五千餘人，有的業已恢復健康，有的尚待休養，有的還在醫療中，可是他們餉也沒有，長官也沒有，真如喪家之狗，失了父母的流浪孩子一般，我覺得非設法收容不可，幾經波折，後來才奉財政部命令，派

(一三)

一四八

我在長沙重新成立緝私隊，一方面收容稅警團傷愈舊部，一面還從武漢長沙等地招收高中程度的流亡青年三百名，藉以充實幹部，並在岳麓山開班受訓，可是那些青年學生志氣昂昂，一看招牌是財政部緝私隊，是稅警性質，他們都不願意。他們說，青年應當為國家盡力，完成抗建偉業，不願做緝私稅警。我向他們解釋，說你們要效力於抗建偉業是對的，我也正因為抱有此種志願才來訓練你們，假如僅僅為了循私作弊，那也不會取意以那樣的厘鄉光榮，我們為了籌經費的來源，及種種便利起見，雖用了循私隊的名義，實際卻是要訓練一支勁旅作將來反攻戰的基幹。可是因為相處日淺，三信心不夠，終究有大部學生或請長假或逃走，只剩了百餘人受訓，沒有那一百多幹部在西面作戰，發揮了很大的力量，建立的功勞最大。

至於那時我們招兵，更是困難已極，因為

一八

兵役法剛開始實施，他對禁止募兵，而向
軍管區師管區等兵役機關要求撥派徵
集兵，回答是並非軍政部所轄正規
軍，未便照撥，如向中央軍校請求撥派
畢業生服務，也以非正規軍的理由被拒
絕了，於是我們只得一面自己訓練幹部，
一面設法使舊有部下回鄉就其親戚朋
友，有志投軍救國的，互相介紹，三三五五
的帶來，而交通路上檢查嚴密，又不能
多帶，多如果被發覺了，就要被兵役機關

一四七

抓去抵額，把我們保衛隊，送到了貴州都勻後，有一次招來了一連新兵，運到了馬場坪，當地駐有別動隊，他想吃掉這批新兵以補充他的兵額，因我們不承認，他就架起機關槍將這一連毫無抵抗能力的新兵攪掉，而軍政部軍法執行總監，正有人路過該地，親眼看見這種事實，我們要求懲究，結果也就無此處置，那真如俗語所說的姨太太的丫鬟，不是這樣子處處受欺，雖然一切工作的進行，為此外困難，但兩三年間，終究成立了八個團，我們

一二五

一五九

招收了八千苗胞，經過嚴格的訓練，後來在緬甸，在東北，都表現了最大的力量。

上面不憚煩的敘述了我回國以來所受的種種困難、阻撓，甚至莫大的歧視與侮辱，而我尚能忍辱負重，不甘脫下這二尺半的軍衣，一方面固然由於我所受的嚴格教育，正經鍛鍊的我，能夠禁受起種種挫折與橫逆；一方面則由於我立志學陸軍以來，就準備着捨生吃苦，許身報國，任何阻礙，任何橫逆，都不能變移我的決心，動搖我的志氣，何況我受此挫折，亦都認為不過是私人上的關係，而國家並未辜負我，我一生所受國家的培養很多，就應該不顧個人的榮辱苦樂，而一心報效國家，以求得國家的獨立、自由、平等，不再受列強欺侮，因此我絕不灰心，從來就不自請辭職，只知埋頭苦幹，盡忠職守，奮鬥到底，尚且當太平之世，政治修明，是非還容易明白，今當亂世，國家危殆萬分，民生痛苦已極，社會上的壞人乘時作奸犯科，本來就是非難明，黑白難分，只有憑我們自己的忠誠血性，不畏艱難，創造出事業來，求出真

一三一

的是非，軍人是國家的代表，青年是民族的中堅，更應當有些抱負，有些志氣，所以我不惜現身說法的將我親身經歷的種種困難，告訴大家，希望大家在任何困難情形下，能不沮喪，不灰心，不悲觀，只知立定志氣，咬緊牙關，去迎接一切困難，去克服一切困難，以建立独立自主自由平等的國家，奮勇邁進，以爭取我們都認明的前途，這樣才算是一個健全的軍人，才算是一個健全的領袖者、

一五二

八、得部下信心：

我們做一個軍隊統馭者，不可日以管束部下，絕不可一味苛刻摧累，使部下怕我，而是要使部下因信仰我而服從我，只有從信仰部隊長，而產生出來的服從，才是真的服從，才能產生真的服從效力，欲要做到這一點，就全靠平日的對待部下，出以至誠，用一種純粹的善意去教導部下，訓練部下，指使部下，一切待人處事，都以真誠，不說假話，不做假事，不欺騙部下，與部下相信在心，處之有素，一切以自己之心，去忖度部卒之心，以部卒之苦樂為自己的苦

二八二

樂，這樣就自然能收取得部下的信心，而收得指揮如意之效。

如我所講的部下信心，並不是指恩優容，討部下歡喜，而是要賞罰嚴明，恩威並用，使部下因敬服而信仰，因為賞罰嚴明，就使部下覺得軍中有法可畏，而法都是公平的，恩威並用，就令覺得部隊長有威可畏，而部隊長威都是正直無私的，此即古人所謂「兵無常勇，畏將則不畏敵，畏法則不畏敵」，但要使部下覺得部隊長執法無私，有威可畏，而衷心悅服，仍在乎平日部隊長的信心如何而已。

一五二

假如平日部隊長以鐵的事實表現在部下面前，在部下的心裡，建立了堅定的信仰，則一切部隊長的指揮與命令，都相信是善意的，不會害他，不會引錯路道，部隊長的任何處置與指使，都會遵照着去做，而毫不猜疑，縱然是赴湯蹈火，非常艱難危險的任務，他反而認為是部隊長看得起他，認為他有能耐，所以才付託以重任，因而引為無上光榮。這樣，才算是上下一心，萬眾一心，真正共生死，同患難的一個整體。否則部下不相信部隊長，遇事先存猜疑，如命令他去作戰，或是大部隊

一二三

也就以為部隊長是想藉此消滅他，排除他，這樣，命令又何從貫徹，任務又何由達到，縱然是十分的善意，他也要認為是惡意。一切戰時紀律，平時紀律，就更是談不上了，所以信心是紀律的基礎，我國步兵操典草案綱領上說：

「軍紀之要素，則在全軍一致之三信心，故上下將士，無論在任何時機，當以信仰上官，信任部下，而自信其為效忠黨國，服從命令，與愛護人民，恪守紀律之軍人」

—步兵操典草案綱領第三—

一五三

只有三信心堅定，然後才能紀律嚴明，尤其是戰場軍紀，向係看整個存亡勝負，更非有信心不可了。我現在可以舉出幾個實例來証明這個道理。

「當我帶領新卅八師出國遠征，首先在仁安羌一戰，我[illegible]援，解了英軍八千之圍，敗敵人十倍於我之眾。正預備乘勝進攻，不料當時全盤戰局，與我不利，敵人以曼德勒為中心，有完成鉗形攻勢，北上包圍；於是英方決定放棄緬甸，西撤印度，我遠征的第五軍，亦向北撤，獨新卅八師奉命掩護英軍和國軍的撤退，成了殿後之軍，我師一一三團，並奉

一三八

一五四

命馳赴卡薩，藉以警戒八莫方面，掩護國軍撤退的側背，及至整個掩護完成，我新三十八師主力，即自溫早西撤印度，行至品列庫，不見在卡薩的我們一一三團西撤來會，失去了聯絡，跳若了一天，仍未見來，但以情勢的嚴重，敵人即將包截我軍歸路，諸必須趕渡清德溫江，記得是下午六時，到達清德溫江西左岸畔的旁賓，敵人的淺水砲艦和汽艇，正在由下游沿江上駛，旁賓已經佈滿了敵探和便衣隊，前臨大水，後有追兵，真是危急萬分，於是一面與當地最長敷衍，揚言佈防，派一連人趕築工事，作久駐的模樣，一暗自準備竹排木筏，儘晚渡江，翌日拂曉，果然敵機即來江邊轟炸，大部隊也已退到江邊，當地老百姓已換上白衣，與敵隊混合，向泰猛轟，幸喜泰師機警的早已渡江，否則真不堪設想了，可是一二三團仍未曾取得聯絡，不知危困何地，及至渡江已一週，第五軍北撤已久，忽接一二三團來電，說泰第五軍現在何處，本來第五軍北撤的路道，泰部是否主張的，因為就當時當前的大地形說，西北方向雖無敵人，但那是全無人煙的原始森林，無路可走，無糧可吃，而當時已是五月上旬，雨季轉瞬即

一五六

到，熱帶的雨季，真可以使陸地成河，無法行動，所以
那是絕地，敵人出不去，而我們去了，也就有死無它，
當日第五軍號稱五萬之眾，北撤，活著回來的不過
三數千人。我們西撤到了印度的英法爾後，再
回頭到新平洋接出第五軍的二三千人，大部面
黃腳腫，狼狽萬狀，就是後來改編為二十二師，
及至後來我們反攻緬甸時，沿途所見第五軍行過之處白骨橫從，有
的火灰依然，而白骨圍置，使人想到當時還有病困圍火而
睡坐的形式，真是慘不忍睹。我軍掩護撤
退時，因要求於任務完了時，可以自由行動，所

一三三

以能安全的撤到时，安的英法东，我们就知道第五军此撤的路道是绝地，现在二三团询问第五军方向，它是该团对我失去了信心，想找大部队，以资保障，我当时非常的着急，即严令电饬不可北撤，以自入绝地，接着他们又来电说，拟即化整为零，我想这更糟了，因为一团人多少还有些力量，可以突围设法，如果化整为零，而在异国穷荒僻壤之地，唯一可作依靠的地图，又只一张，则各人皆须乱撞，有死无疑，所以急电制止，接着他们又来电说，经各营连长以上会议决定，道四指示，周体行动，但

二六六

西撤到江邊，全是敵人，不敢強渡，已向北走，我而窮追，北走為死路，故他們速向南撤少許，繼再急速回頭西撤，必能減少阻礙，因為我軍追撤，敵人尾追，已成與敵人競走之勢，如果折而南撤，敵仍北追，必能與敵人距離又較遠，縱使敵空隙中速向西撤，自然能從空隙中安渡江了，一一三團照此而行，可能果然得以渡江，無甚阻礙。

假使這一團對我的信心不堅，對我的指示不照着做，真不知他們的結果，將又為何，現在還可以舉出與那同

一二六

時的另一椿事作說：

「當我師西撤印度時，同軍的新二十八師，奉在曼德勒作戰，臘戍失守後，敵人鉗形包圍已成，迅即撤退，還剩有五六營及師直屬部隊，共約五千人，由一個團長指揮，找我要汽車運輸，本來當時上面控制有六百輛車子，二十餘列火車，我師奉命掩護撤退，是最後脫離戰場的，卻未分配得一輛一列，所以根本無車子可撥，他又說我們的撤退方法，我說，現有五千人，可以打出一條路，為何不北擊，投向師部，他說士兵已無法作戰了，後來他就從間隙中北撤，至中途，那團長又與我聯絡

一六二

一五七

上午，我向鈞座請示，承指示兩點：一同意本師一一三團攻擊，與敵一戰，收到與一一三團夾擊之功，必能擊敗敵人，然後與一一三團會合西撤，以從敵間隙中東撤雲南，二者他都不照著計劃去做，而只尾隨第五軍舊路向西北撤，應知西北已是人煙少有的森林地，何況又值第五軍吃食已盡，於是大家飢餓、疲困、疾病而死，由團長才百三十餘人，後來在昆明重見，感傷涕淚，認為若照我的指示，絕不會損失至此地步。

這就是因為信心不足，所以雖示以十分的善意，他總以為我是想犧牲他的部隊，藉以解我師一一三團之圍困，因而毀敗在此，又為此次二〇一師六〇三團到福建，我在出發時就告訴他們，我絕不是將部隊送出去就不管了，一定會去看他們，替他們解決困難，所以他們到福州不久，我就去看他們，並解決了他們的主副食等一切困難，馬尾戰事才完，我又到廈門親自慰勞他們以鐵的事實，表現在他們面前，所以他們相信我，才有此次馬尾的光榮戰績。

不但作戰是如此，就是訓練，要能得部下信心，才能收效。記得去年三十一年第六團來時，因為那團官佐多已派出招兵，到此受訓的很少，第一次校閱下來，那一團的

一三八

成績最壞，可是他們能因憤而勉，第二次受訓，我將該團官佐一大半都送來，並且個個認真學習，相信我們指示的一切，回去都切實做到，結果，後來再去校閱，知道那一團的進步很快，一切成績列為第一，由此可見先要信仰這裡的訓練，才能收到訓練的效果，否則一切沒有信心，先存着防禦的姿態，又何能收到訓練的實效呢？總而言之，一個軍隊的健強，無論是治兵帶兵練兵用兵，都要馭下以誠，取得部下的信心，才能練成勁旅，在戰場發揮偉大的戰鬥力，才能上下一心，指揮如意，成為一個堅強的整體。

一五六

九、學術超過本職。

一個普通的統馭者，要有技術精通，以內行去領導內行，要有多才多藝，才能使人悅服，這在前二章中，業已說過，至於軍隊統馭者，就更須要隨時學習，研究，力求進步，因為學海無涯，學到老學不了，何況軍事學更是集各種科學之大成，永沒有學究的時候，不特現代戰爭的武器，是一切工業中最進步的產物，而海陸空軍聯合作戰，由平面戰爭擴充到立體戰爭，一切天文地理，

一三七

聲、光、力、電、數理化學等等自然科學，都包括無遺，加之經理、財務、管理、人事、訓練、教育、制度、編組，一切社會科學的原理原則，都要運用於軍事上，所以要精研軍事學，真是談何容易，只有自問淺薄的時候，絕無可以自滿的可能，一個軍隊從戰士想要博學多能，當然是不容易甚至不可能的事，但最低限度，應該通過其本身職位所應知者，才能勝任稱職，譬如一個排長，應當具備足以作連長的學術，然後在指揮場合中，有時可以代替連長而無愧，才不至遇到特殊緊急情勢而張惶失措，事無常識技

一五九

不獨我們要有能力足以指揮領導，就是平時，也要有優良的學識技術，足以領導部下，才能得到部下的敬佩而信仰、而服從。這就是說，以精神領導精神，以人格領人格，以學識領導學識，以技術領導技術，只有部隊長的學識技術都行，然後良好的手下無弱兵，自然士卒也就技術嫻熟，知識充足了。我們常常說作部隊長的是要能夠作之君、作之親、作之師；平時作之君，就是要能夠做他們的官長，足以領導他們，作之親，作他們的模範，就是要如作他們的父母一般，一切愛護周到，体貼

一六〇

一七六

週詳，一切出之以純真的善意，而作之師，就是以學識技術，足以作他們的老師或顧問，是以教導他們，足以接受他們的任何詢問，而解答無遺，這樣，自然會使部下敬佩得五體投地，而一心信仰服從，聽憑指揮了。可是我國一般軍官，不學無術者太多，其原因就在乎平日一味鑽營取巧，只圖捷徑升官，而不求學術的長進，以致學不足以知兵，術不足以服眾，而招引外國人笑我們無能，因為外國的軍事教育，我在前面已經說過（見第一章第二節第四）都是分層負責，絕不躐等，此以學術才能與其職位配合恰當，並且注重長官的學識

技能安營最下層最基本的地方起，都能徹底了解敍明，
才能瞭解其上的領導部下、訓練部下、糾正部下、與
指揮部下擊敗敵師團者，就一定要徹底瞭解連
排班的各種教練以及一切基本動作，才能瞭解其上
估計敵部士卒的戰鬥技術能耐，而付之以相當
的任務，而不至遭受失敗，此即孫子所謂
「知彼知己，勝乃不殆」
——孫子、地形第十，武經九九頁——
至於訓練部隊，更在貫徹「基本主義」，動作從最
基本的做起，部隊從最基層的訓練起，總從基礎

二二八

穩固，足以運用於無窮，既以一個軍隊說來，對於學識，從基礎到高深，對於技術從基本到高級，都應去學習、研究，不斷的求長進，最低限度，要趕過本戰才足以應付日新月異的戰術，應用日新月異的武器。

本來現在我國有一種最壞的風氣，就是各級官員都只注意他的職位階級，而不注意他的學識本能，譬如中央大員，常有人數年之間，遍歷很多部會、四理，各部會之職，各屬專門，斷沒有一個人能夠兼通這許多部門的，因此風氣所趨，將高

一六一

而不務實，將似官僚階級是其重點，學識技能乃其末事，於是軍人自以為了不得，文人亦自以為百曉，甚至青年人也中此流毒，只求上進，不務實際，和他談到如何建立基礎，他反認為是迂闊之談，不達世故說來何等痛心，我曾經遇到兩個這樣的青年，

「一個是過去在緬甸當過兩年翻譯官，做到了少校，現在計劃出國學軍事，雖說也想進維勁利亞軍校，可是尚有一年的時間躭擱，所以特來問我，作些如何的準備，我說，最好能夠當兵」因為就我的親身經驗，未出國之前不曾當兵，甚感

二八二

一六二

吃虧，因為不下部隊，不知部隊實情，將來如何去統馭部隊呢，可惜那青年不相信這道理，仍當翻譯官去了，我總覺得是錯誤的。」

「還有一個姓陳的，大學畢業也預備明年出國學軍事，將來問我做甚麼好，我主張他進本部軍士大隊，結果他照辦，初到隊上，一切動作都不實在，他才覺悟到過去在學校中所受的軍訓，是似是而非，從而他非常努力學習，經過比較長的時間，一切動作，都大有進步。」

由上述的兩人的行為，就可知他們一個是愛虛名，一個是實際，則其優劣之分，顯然可見了。我還記得我的侄兒在西南聯大外交系畢業後，找我寫介紹信，我就介紹給外交部的朋友，請派以比「基層頭」高一級的位置，後來果然派為辦事員，這不過比基層稍高而已，我的侄兒起初大不以為然，認為做叔的太不肯幫忙了，後來我寫信告訴他，以叔侄之親，何至不加愛護，而教他從基層做起，學習實際經驗，使他將來一切學識技能，能夠穩健而有條理，這就是所以為愛護之道，然後他才安心供職。我還記得我在西南有一樁這樣的事，

一二三

「那是抗戰末期，我正在緬甸作戰，國內青年，都有着從軍熱，並且他們聽說出國与盟軍并肩作戰，待遇較優，裝備更好，有的甚至說是要学習抽美國煙，以免將來出國抽不慣，誰知一到緬甸，全是原始森林，生活非常艱困，甚不满意，别的部隊，一見來了学生軍，立即編入部隊，而我卻把到我那兒的幾千人編成教導隊，嚴加訓練，於是他們吃不了這苦，就要求上前線，並說是來作戰的，不是讀書的，我說「你們軍事学識不夠，戰鬥技術不行，憑甚麼去作戰呢？作戰須有很好的學識與技術作基礎，不是兒戲，因此不能隨便犧牲有為的青年，也不能隨便送掉有用的武器。沒來他們訓練完結後，就當實習班長，在遠征軍中未曾作戰，及至東北，選有的是派他們去作補充團班長，因為學術兩科，不是一刻兒可能養成，而學術不好，就不能免敗部隊去作戰。

所以現在風氣的改趨，青年好高騖遠，而不重實在的學術，越是高官，越是隨便，所以此地訓練，也可以看出這種毛病，所以屢次校閱，屢次比賽，都常都是

一二八

軍士比尉級官好，尉級官又比校級官好，階級越高一六四
本应当学識越淵博，技術越精到，而現在恰是
相反，又那能不失敗，本来我國軍事教育不按照
实施，不使經驗学識技術與職位配合，常有軍校
畢業的，不下部隊，不求經驗，作几年幕僚，就能進陞
大，然後出来作高級官，又何能談得上經驗與学術，
試問我回國後，只想作学員，決心從低級做起，就是
希望後来作事，能有實在的經驗與学術，能称
其職位，不作外行，可是至今還以未當兵為憾
希望大家體會這道理，一定要使学識技能趕上

本人職位，才算是一个將的統馭者、

十、當機立斷：

前面已經說過（見第二章第二節第八）任何統馭者，縱然道德學術均優，而無不能果斷，仍不會成功，因為無果斷，即無主張，一切事情，優柔寡斷，畏首畏尾，則其結果，僨必壞事、至於軍隊的統馭者，更加要能夠當機立斷，無所遲疑。這種果斷力的養成，就是要有堅強的決心，此心既決，百折不回，雖死而無悔，一个部

一六五

部長，就必需要有這種決心，才能統眾作戰，所以軍人 一方主
的最高要素為決心，因為一個帶兵官，掌握着一
個部隊的生命成敗，而又肩負於千變萬化的戰
場，其間生命的死生，部隊的勝敗，國家或大團体
的存亡，決於俄頃之間，若是優柔寡斷，想攻不
攻，擬退不退，徬徨無主，遲疑不決，則其結果，不
獨個人失敗，部隊損傷，甚至全師覆沒，敗亡國家，
所以吳子說：

「用兵之害，猶豫最大，三軍之災，生於狐疑」

—吳子、治兵第三、武經直解一六四頁—

所謂猶豫、所謂狐疑，就是沒有決心，不能當机立斷，胡文忠公也說：

「兵事決於臨机、而地勢審於平日，非尋常張皇幽渺可比」

——見曾胡治兵語錄第十一章「兵机」第二八五頁——

所以兵事在該當机立斷，不能張皇失措，模糊影響，稍存猶疑之態，尤其在戰陣之中，勝敗決於一頃，存亡繫乎一念，常常要爭取時間上幾分鐘、幾十分鐘甚至幾分鐘的關係，而這幾分鐘、幾十分鐘的關鍵，或因為猶疑不決，坐失良机，或因為下命令，指揮部

一二二

厚遲延致誤，或因為顧慮太多，致顧慮太久，耽誤時間，結果，後人一着，因而致敗。此理兵機至深，唯在臨事要有決心，能果斷而已。並且僅是決斷錯了，能够堅忍之而進，或臨機補救，還有轉敗為勝的機會。如果猶豫不進，則是坐以待斃，有敗無疑。因為能果斷有決心，才是積極的行動，只有積極的行動，才可以求得勝利。猶疑不進，是消極的態度行為，是被動的地位，使敵人取得主動，而自己成為被動，又焉得而不敗呢？即是去年東北剿匪的失敗，就全敗於「遲疑不決」四字，錯過本有主動

一六六

精銳軍，裝備最好，上面命令，教他們於十月三日即出擊錦西，遲到十月九日部隊才集中完畢，出發後，行動又非常遲緩，沿途並無多大阻力，而直到二十七日，尚無多大進展，就可見其行動遲滯了。當此五軍向錦州前進時，匪又見我軍勢甚大，原預備放棄包圍，後見他們行動遲緩，匪已調集大軍，完成大包圍，遼五軍，却遲疑不決，驚惶失措，又想退回瀋陽，又想南奔營口，如此遲疑三四日，於是匪軍的包圍縮緊，大家驚惶失措，官兵只顧逃命，遂至全軍覆沒，此種血的教訓，說來何等痛心，可是我國戰場指揮官，卻屢

一〇二

犯而不改，遠之如濟南失守，對吳化文不事先斟酌安置，迫之為長沙降敵匪，對付程潛的行為總是猶豫不決，浸至叛象已呈，莫由救濟，徒空失去重要的據點，又如前次徐蚌會戰，杜長官等自為人處事，口才計劃，都做得條條有理，頭頭是道，對部隊的訓練管理，也做得紀律井然，但其唯一缺点，是在其萬分緊張之時，決心不堅，未能獨斷，甚至一個傳令兵的意見，也可以動搖他的決心，這樣的部隊長統率數十萬大軍去決戰，又何得不被圍與被俘，所以統軍者無論部隊的大小，唯一重要

一六二

的條件，就是能當機立斷，有堅定的決心，因為一切計劃等項，均可假手於幕僚人員，甚至有很多足智多謀的人員，就因為沒有果斷力，所以才只能作幕僚，而如何去實行計劃，決定計劃，這就要取決於部隊長，部隊長能決斷，有決心，一經決定，貫徹實行，毋稍猶豫遲疑，就自然能夠完成計劃，達成任務，而取得勝利了。

上述十項，是一個軍隊的統馭要素，應有的最基本的本能，當然，軍隊統馭者，應有的本能，並不僅止於此，此

不過其最基本最重要的幾項而已。他如健康的体魄
旺盛的精神，也是重要的基本條件，同時作一个部
隊長，無論精神、学術、品德、意識，要能代表這一个
团体，使人見了部隊長的精神、行動、作風、言語，就
可以了解這个部隊是一个怎樣的部隊，所以部
隊長是這个团体一切的代表，部隊長是這个团体的
精神中心，並且对上要能瞭解部下而代表部下，
对下要能領導上峯的企圖，發揮上級的命令，而
代表上級，然後上下溝通，無所隔閡，來才會使整个部隊，產生無比的向心力，而後

結成一体，精誠無間，就自然能產生無比的戰鬥力，而以上所提了，我希望大家仔細的体會這些道理，要成一個堅强良好的統馭者。

〔八〕

一六九

（三十七年）

第三節　軍隊統馭平時應注意事項

一、對部下顧慮周到：

一个带兵官，对其部下，应当发生兴趣，表示親切，随时随地，顾虑周到，好像部下的事，就是自己的事一般，要以整个的身心智力，精神事业，寄托在他们身上。　總统常常指示我们「我们要将每个部下官兵，看作我们自己家裡的子弟一般，不僅要透切明瞭他们的心情，而且要設進他们的生活，精神，真正做到休戚相關，生死与

（二）

共的境地、

——卅七年六月廿日、新兵訓練會議講
新兵訓練的責任與要務、——

曾文正公之說：

「帶兵如父兄之帶子弟一般、無銀錢、無保舉、尚是小事、切不可使之因擾民而壞品行、因嫖賭洋煙而壞身体、個々學好、人々成材、則兵勇感恩、兵勇之父母亦感恩矣」

——見曾胡治兵語錄第八章仁愛第二一一頁——

因為父兄之對子弟、撫養教育、飢寒體恤、顧慮期望、無所不用其極、各部隊長如果以父兄之待子弟之心對部下，以恩德相結，自能融成上下一体，使部下親長兄上，存亡与共了。此以蔡松坡先生說之「帶兵如父兄之帶子弟一語，最為仁慈貼切，以此存心，則今帶兵格言，千言萬語，皆可付之一炬，父兄之待子弟，慮其飢寒苦痛也，則愛之護之，慮其放蕩無行也，則督責之，慮其不克長進也，則培養之，無論為寬為嚴，為愛為憎，為好為惡，為賞為罰，均出之至誠無偽，行之以至公無私，如此則弁兵愛戴長上，亦必如子弟之愛其父兄矣」

—見胡治兵語錄、第八章「仁愛」第二三一頁—

一二一

吳子也說：

「……與之安，與之危，其眾可合而不可離，可用而不可疲，投之所往，天下莫當，名曰父子之兵」

——吳子治兵第三，武經直解第一六三頁——

孫子也說：

「視卒如嬰兒，故可與之赴深谿，視士如愛子，故可與之俱死」

——孫子地形第十，武經直解第九七頁——

此謂視士卒如嬰兒，就是如奶娘的看待嬰兒一般，嬰兒是無知無識，純靠奶娘的照應週到，此有

十七

飢寒、喜怒、苦樂、疾病、都要去體貼出來，都要替他設法安排。一個部隊長之對(?)待(?)部下，也就要如此，才能盡了責任，因為軍人一經入伍，則其死生苦樂、命運，衣食住行的生活，都托之部隊長，部隊長之良窳，影響到部下的生命與生活。何況到戰場之上，更是出生入死，同患難，共休戚，其同僚與家人父子兄弟之密切，有過之無不及。所以歷來作戰，其威力最大的仍是說父子之兵，雖其實際，未必都是父子從軍，而其團結聯繫，實有過於父子兄弟之情，休戚~~與(?)共(?)相扶(?)持~~之誼。所以泰

一二二

仍妥實行軍隊家庭化，所謂家庭化，就是要使軍人感到部隊上，如同回到家庭裡一樣的親切與溫暖，使軍人的日常生活，或在戰場作戰，都能互相幫助，照顧，扶持，惦念，如同在一個家庭中一樣的週到與關切，蔡松坡先生說：

「軍人以軍營為第二家庭，此言殊親切有味，然寔而推之，此第二家庭，較之固有之家庭，其關係之密切，殆將過之，何以故，長上之教育部下也，如師友，其約束督責愛護之也，如父兄，部下之對長上也，其恪恭服事，與子弟之對於師友父兄，殆無異耳，及其同蒞戰役也，同患難，共死生，休戚無不相同，利害靡不與共，且一經從戎，由常倫而變倫，由變倫而復倫，其間年月正長，不時脫軍籍之同儕，一有戰事，即須荷戈以出，為國宣勞，此以情言之耳，國為家之集合体，衛國即所以衛家，軍人為衛國團体之中堅，則應視此第二家庭為重，此以義言之耳」

——石錫侯兵譯叢第八章「仁愛」第二二一頁——

不過，所謂「父兄之愛子弟」，「奶娘之帶嬰兒」，卻不是「姑息之愛」，不是「溺愛不明」，不要「放縱子弟」，而仍能

一七三

道，賢明的父兄，絕不是如此，他們因為愛護子弟，就一定要將子弟管教成人，造就成材，所謂「養不教，父之過，教不嚴，師之惰」，胡文忠公也說：

「愛人之道，以嚴為主，寬則心弛而氣浮」

——見胡治兵語錄第十八章「仁愛」第二一八頁——

父兄的愛護子弟，全是出於至誠，希望子弟成人成材，所以管教很嚴，否則一味「姑息」「驕縱」，反而常常壞了子弟，部隊長的統馭部卒，也是希望部屬成材，不但學術兩科須要精通，即是品行修養，也要使之修養鍛鍊得很好，

的未來的擔負起保國衛民的大任，正因為如此，所以才嚴加管教，孔子說

「愛之能勿勞乎，忠焉能勿誨乎」

——論語憲問十四——

所謂「勞」，就有「嚴」字的意思，「誨」就是「教」的意思，管教而嚴，卻是愛他、忠於他的表現，~~由表現~~所以管教部隊，寧過之嚴，而不致失之寬，于是現在的學校及部隊中，對待青年，一面失之寬大，一面則失於愛護，失之寬大，就養成青年驕惰的習氣，失於愛護，就對青年顧慮不周到，不肯忠誠的去管教他們，外國人對士

一七四

一二八

卒，一面管教甚嚴，因此階級分明，紀律肅然，一面，忠誠的領導部下，事事處處週到，因此士兵，感恩戴德，上下一體，記得我們在緬甸作戰時，俘虜營中，日俘喝水，都是先敬班長喝畢，然後自己喝，真是戰俘這次之時，仍是紀律嚴明，同時班長對他們也很關心，由此可見他們的部隊長平日對部下，管教既嚴，而用心也誠，所以雖在俘虜營中，仍能如此。

並且，我們對部下，只要出之以「誠意」「善意」，縱然嚴些，他也體會到部隊長是對他們期望殷切，一到部下領會到了部隊長的恩惠，他一定會受恩知感，終生不忘，反之，士兵對部隊長無好感，那麼到了戰場上死生關頭，說不定要鑄下無可挽救之禍害。這一點，軍隊統馭者，一定要領悟，只有存心正大公平，仁厚，慈善，誠無偽而不自滿了。胡文忠公曾說：

「古來義士忠臣，於曾經受恩之人，必終身奉事惟謹，韓信為王，而不忘漂母一飯之恩，張蒼作相，而退朝即奉事王陵及王陵之妻如父母，終身不改，此其存心正大仁厚，可師可法」

——節胡潤芝語錄第八章「仁愛」第二一八頁——

一七五

記得此間從前有一个軍校二十一期畢業的學生，在軍訓班服務，成績很好，就要升他，有人說，他在發神經病，因為他的父母死了，精神受了大刺激，我說，這就更非升他不可，因為他私事已受刺激，如果公事上有功不賞，更給以刺激，就會真的成為瘋子了，並且我們作部隊長的，還要多方的去安慰他，解除他心理上的苦痛才是，如果顧慮不週到，處置稍有錯誤，一定要白白地犧牲一个人才，記得去年，到廣州看部隊，就遇着一樁使人痛心的事。

「我們到燕塘去看新兵訓練情形，看見

一幢營房，兩邊的門鎖着，站了衛兵，上着刺刀，如臨大敵，我們到了，教他開門，衛兵說，奉官長命令，任何人來，不許開門，我說裡面是什麼，他說「新兵呀」，我於是表明身份，說是特來視察新兵的，並教他們趕快找得官長來，這樣，門才開了，一看，有二百餘人，困在一個房中，大家赤膊困坐，汗下如雨，裡面臭氣汗氣混作一團，每個人都縮起汗水淋漓得如猴子一般，天氣熱不可當，他們卻無水可喝，叫苦連天，一經查問，才知是新到四五天的新兵，其中還有幾個華僑，

一二

是為了愛護祖國，自告奮勇來從軍，所受到的，卻是如此的待遇。後來來了兩個排長，都是軍校廿一期新畢業的，問他們不燒水喝，他說僱了七八人作飯，忙不開，不能挑水，我罵他們何以不利用新兵做事，教他們自己燒水挑水自己喝，還不肯喝，說縱然怕他們散隊逃跑，何以不教他們編成一隊的形式，以面盆運水去作[illegible]或燒着喝呢？他們剛畢業，就如此不肯好好做事，不顧慮部下，而去擺官架子，還談甚麼報效國家民族，與個人事業呢，我當時真為之痛心極了。 一七四從之。總之，一个部隊長，對於部下，要能處週到，無論言行，身体，學術，都要以十分的誠意、善意，去嚴加教使个个學好，人人成材，為國家製造英勇的戰士，不為社會製造無用搗蛋的流氓。如部下卒自能感恩，因而親長死上，雖使之赴湯蹈火而不辭了。

二、明瞭部下情形：

一七五

一个軍隊統馭者，應当想盡種々方法，去明瞭下層情形，及部下的生活状况，工作成績，訓練進度，以及日常情緒等々，都該確切的明瞭，才算盡了統馭者的责任，究竟怎樣才能明瞭部下情形呢？現在略舉幾種有效的方法：

(1)共同生活——這就是說，在日常生活中，要儘量利用時間，和部下接近，藉以瞭解部下情形，譬如吃飯、睡覺、休息，都要常々在一起，至於上課、出操、打野外等，更應官兵不離，可是現在有些帶兵官，不明白這種道理，甚至連吾就有小厨房，飲食起居，與士卒判然兩樣，好像愈與士卒遠離，愈足以暢所欲為，肆無忌憚，這樣又何能瞭解部下情形，又何能得部下信仰，還有士兵的疾病醫藥、住所的衛生，都應當隨時察看檢查，詢問，如有疾病應該指導就醫，如病在醫院，就要常常抽時間到醫院中去探視，試想一個兵病在醫院中，舉目無親，精神上痛苦極了，部隊長有工夫去看他，問清病中情況，就餉等是否按時轉告，那士兵一定感激你們，覺得很是安慰，病也要好得快些，

一二八

打了後還是銘心刻骨的感激，因為病中比平時須更要安慰，長官去了，他才覺得是真的愛護他，可是現在一般士兵入醫院，如入地獄，只就偏不到，醫生、官長根本就忘記了他，聽他自生自死而已　二二六

(2)個別談話——對於部下，要常常接見，召去談話，舉凡部下的家庭狀況，過去經歷，生活情形，工作情緒，現在困難，將來志願，須多注意談及，時時留意，一面固可以表示長官對他的關心，一面也可以作為取材施用的參考

致，至於因談話而發現部下心理上的痛苦，應當懇言安慰，事實上的困難，應當設法解決，對於前述的疑惑，應當誠懇指導，對於見解上的錯誤，應當愷切訓示，這樣就自然能夠打入部下的心底，而得到真誠的信賴，記得我作團長時，常常接近部下，不獨是面識名，甚至同階知姓，就是因為常常與部下談話深知其個性舉止的緣故。

(3) 時常點名——一個優[illegible]部隊長對於

一二二

部下的姓名，要随时記着，如果能够直呼其名，他一定会感到部队長對他非常的親切和注意，就「親切」講，他覺得部隊長与他並不疏遠，就行為方面，會被知道，就「注意」講，他覺得部隊長留意了他，於是不敢為非作歹，恐怕被覺。如果部隊長叫他做事，而直呼其名，他覺得是部隊長深知他，特意派他做事，然後就會樂於從事，而且努力的去做，如果只說「衛兵！你去作某某事」，他覺得反正不知名姓，何必賣力，只要敷衍過去就得了，所以承平日認為排連長不能直接叫出士兵的姓名，足証其平素對於部下漠不關心，又何能與部下發生感情，而收團結一致之效。所以承規定，排長對於新來士兵姓名，一星期內要能完全叫出，連排長兩星期內叫出，連長一個月叫出，團長最低限度要能將排長以上的姓名叫出，點名的時候，名冊是給承看的，連排長要見人知姓名，此種平日點名的意義，一方面是清查人數，一方面是認識部屬藉以明瞭部下情形。

一二八

〈4〉共同工作

部隊長與部下共同工作，也是接近部下，明瞭部下的方法，譬如排長、副班長、排長、連長就要領頭去做，不能袖手旁觀，如果官長只在後面督促，不親自身去作，其工作效率一定很小，如承前次所說第四軍抬木頭的事（見第三章第二節三項以身作則）就可見官兵共同工作的效力了，尤其是艱鉅笨重的工作，官長應先作給部下看，或是混成一起，共同努力，不獨工作效能可以加强，而藉此可以互相認識清楚，瞭解部下情形，無論駐防時的工作，和

一七八

植樹、開荒、修路等，或是行軍時的工作，如造營地、作竈、搭橋、作工事等。係以官兵不分彼此，一起工作，才算是好的帶兵官。現在部隊中，有一种最壞的習慣，凡是作苦工，只有士兵去做，部隊長還拿着鞭子在旁監督，好似役使奴隸的一般。這給士兵們很壞的印象，認為長官袖手旁觀，不知工作的辛苦，反而擅作威福。而因士兵的這种心理，不獨影響到工作效能不好，而且影響到對長官的信仰不佳，更影響到長官的命令，部下不樂意服從，因而也影響到整個的士氣與作戰力量，事情雖小，關係實大，我們作部隊長隨時應當想到帶兵是來做事的，不是作官享福的，要以個人與部下一共同工作為樂，因為這樣才有機會接近部下，瞭解部下，與部下融洽感情，精誠無間的團結精神。

(5) 共同遊戲——長官與部下共同遊戲，是瞭解部屬的最好的方法，因為在遊戲的時候，大家樂而忘形，最足以暴露各人的個性，

一七九

長官如果一同遊戲，最好是以正確的看出各人的性情行為，因而正確的明瞭部下情形，並且遊戲時是愉快精神，恢復疲勞，解放思想的行為，但個人在遊戲的場合，最好是以恢復天真，發出真的情感，如果長官與士兵一起遊戲，就自然使官兵的感情，融成一片，上下親切如同家人父子兄弟，或是學校中的同學一般，平日建立了好的感情，到戰場上，就更能同生死共榮辱，精誠一氣了，所以無論打球，賽跑，游泳，旅行，散步，或是下棋看戲等等，都應當不分

一八

階級不分彼此，混在一起，不論在操場課室或是集合行軍的時候，這是正式功課，應當階級分明，紀律謹嚴，在課餘遊戲的時候，每人都是以同志一員的資格，參加活動，無論階級大小，即使部屬同踢球不中，誤踢了長官一腿，也無關係，因為這是無意之失，並非故意侮辱可比，大家不是可以看見，我就常常和大家一起踢球嗎？

(六)由部隊輪流當衛兵——從前我當團

長的時候，絕無固定的衛兵，而是由全國士兵輪流充當，在家的門口，掛上當日輪衛兵的名牌，來去出進之時，見了衛兵的面貌，看一看名牌，就很容易幫助來識認他，有時工作稍閒，不妨和衛兵談天，問々他个人的家况經歷，工作情緒，以及現有的困難，同時更可以問及他所屬營連的情形，对長官的觀感，他所談的雖未必完全真確，但總可以作為明瞭部屬的有效參考，並且一个士兵覺得長官願意和他談家常，他一定感到榮幸，

二一

因此對於這長官信仰，忠誠，同時，他能有所突破，他也覓得有機會向長官申訴，於是能使下級官佐處置失當，他也能忍制須臾，以等待機會去申訴，而不致陡然憤極，或甚至氣憤逃亡，一个部隊，開小差的既以多，就一定是長官平日不瞭解部下情形，不能追尋出逃亡的原因，不能有恰當的想出防制逃亡的方法，只有能深切瞭解部下情形，才能很妥善的領導着部下。

一八一

〈7〉利用時間查察或巡視——大凡士兵或者下級官佐，常喜歡在長官不常來的時候，或是耳目所不及的地方，為非作歹，或怠忽職責，所以作部長的應當隨時留心，隨處注意，尤其應當利用時間去查察或巡視，以發現部下的錯誤，予以糾正，防使為非作歹者，無所逞其技詐，譬如夜晚查察，就可以查出點名就寢後有無私自出去嫖賭之人，或是在營房聚賭之事，因為這都是夜間最易犯的毛病，如前面所說處在陸軍學校時，陳胖子查察的情形（見第三章

一八二

第一節、三項（2）款）、就是最好的榜樣、還有以前所說時轟與營房鬧鬼事（見第三章第二節一項）也就是平日部隊長不查視、不巡視、（不明瞭部下情形）致鬧出了大事、不要以為這是婆婆媽媽的瑣碎事情、須知第一就要能事無大小、到處用心、到處仔細才能整飭軍紀、帶好部隊、否則小事釀大禍、甚至會無法補救、無從收拾了、

○（8）隨時派人考察——這是專就大部隊而言、自己無法視自視察、只好派人去考察了、但大

家要明白，切不可派遣偵探或從部屬中選定那些人作偵探，去偵察部下，作小報告，須知這种方法，有的人自以為是聰明，可以明瞭部下情形，其實這是自己分離部下的最愚笨方法，因為相信了一小部份人，就等於是不相信其大部份的人，軍隊中如果互信心不堅，又何能成為堅強的部隊，一方面那被相信的小部份人，自以為是親信，難免不驕縱專橫，而那不被相信的大部份人也就隱忌叢生，分崩離析了，這不是自己在拆台嗎，試看意大利慕沙里尼的黑衫黨驕縱

一八二

義的，結果是自我毀滅了，希特勒的國防青年團，其作情報，於是法國軍隊中就分出了派別，結果也就失敗，所以軍隊只有國家化，成為國家的國防軍，而非私人的爪牙，才能永久保存，現在蘇俄間諜網，偵察部下的方法，雖甚易行，而我可以斷定，將來他一旦戰敗，其崩潰必然更會迅速，因為軍隊的團結，只有上下用誠相信，而又上下情形暢通，才能堅固，如果積存猜疑，崩潰必速，我帶兵到現在，未見部下對我倒戈，就是我從不以私人愛恨，分出派別，或派出特務人員。

〇〇

總之、一個家庭，幾天或幾十天不回，情形不會有多大的變化，一個部隊，如果數十天不去，說不定會產生很大的變化，因為家庭是憑天性組識，父子兄弟，永久是父子兄弟，部隊是憑感情聯繫，感情是以隨時變化，所以部隊長對於部隊，要一步不離，藉於接近部下，藉以明瞭部下，掌握部下，我帶兵以來，還以從前作團長七年時為最快樂，因為那時起居飲食與部卒一起，真如第二家庭，那種生活，真有意義，部下對我非常服從，我要怎樣做，就怎樣做，試問何處還有比此大的

二八

團結的家庭呢？部下一切情形，我也非常清楚了，須知不明白部下情形，難免安置錯誤，譬如一個士兵，其實在操課上精神萎靡，這原因或者是因為他接了家信，家裡發生什麼事，因精神痛苦而致此，那麼部隊長就要給以安慰與鼓勵；或者是因為上一晚出外嫖妓，因而委頓，這就要給以嚴厲的訓誡與懲罰，所以現象是一個，而原因不同，處置也就各別了。可是現在一般部隊長不肯去用心研究，以明瞭部下的實在情形呢，其所以不去接近部下的原因，就我所知，約有兩種，一種

一八四

一一六

是學校出身的，平日生活優裕，嫌士卒髒，有一種優越感，不屑去接近士兵，怎会与士兵一同生活遊戲或工作呢？一種是行伍出身，一旦作了官長，總怕士兵看他不起，要擺出官架子，不与士兵接近，這是自卑感作祟的。像伙們能明白了這種出發點的錯誤，就應当徹底改革，以後要官兵一致，官兵一体，共同生活，共同工作，共同遊戲，结成一个大的集合体，作為國家民族的中堅。

三、注意內務：

軍隊領導者，要有治理才能，這在前面已經說過（見第三章第二節二項）這裏我要特別提起大家注意的，是因為現在一般帶兵官，常常只注重到操場課堂野外的教練，而忽略了內務的重要性。講到內務，並不是從前那種狹義的說法，只是打掃寢室，整理床帳，擦拭槍枝而已，而此有衣食衛生裝備武器等管理經理保健養生以的事，都屬範圍，即財務人事等項，亦在研究之列。醫藥伙食問題，即屬部隊上最重要的問題，因係

一八三

着官兵的健康，作戰的体力，同一樣食物，有的部隊吃來很好，有的部隊，吃來生病，這就要加以注意，是否做法不好，還是因生活習慣不同，因為中國地大人眾，各有習慣不同，像北人食麥，南人食米，西南人食椒，北方人食蒜，東南人食糖，各有所好。又同一樣的伙食費，有的部隊，吃得很好，有的部隊吃得很壞，這就是經理得法与不得法之分了，記得我從前帶部隊時，也是副食費不足，但上面發有黃豆，原是預備士兵早餐用的，我就教部下生豆芽，作豆腐，豆芽、豆腐，可以作菜，

一二

既好吃又營養，還有豆漿可以在早上作稀飯吃，更是非常滋補，又如士兵好食糖果，亦都加以禁止，卻提倡吃花生米，既便宜，又有味，又營養，此等事不要以為太小，在在都有益於健康，請注意。又如穿衣方面，士兵衣被的多寡，與氣候的寒熱，長官都得留意，否則受寒受熱，就容易生病，至於保暖換洗，修補破爛，都在於長官的指揮，同時，從前西北軍雖不能按時發到軍服，但士兵上街，所見到的都是乾乾淨淨，即使破爛而被補的地方，都是方方正正，而我們國軍怎樣呢，常

一八六

是夏服到冬季才發下，棉服到夏季才發下，服裝失了時效，丢在兵士身上，無不是髒髒破爛，棉花吊在外面，與乞丐一般，這就是我國的經理方面太差，沒有的時候，全不想前後，有的時候，就一味浪費，如此次義援物資，在上海接收的時候，雷池堆積如山，任憑風吹雨打，試問還有何效用，我國顧問見了，也為之嘆息不止，他如房舍廁所，食堂的清潔，乏寢室的整齊，環境的衛生等等，都要注意，現在任何好的房屋，一經部隊住入，就臭不可聞，還有是任何好的房屋，一經部隊住後，就破爛不堪，白戶窗片，拿著作柴燒，精緻傢具，全不知愛惜，好似部隊天生是破壞成性，非弄至壁穿屋漏不止，凡部隊開拔後的營房，真如洗劫以後的人家一般，各部隊長也真都能熟視無覩，想來真是怪事。 一六八五

至於醫藥衛生，疾病的預防，也是部隊上最要注意的事，前面所說伙食不良，營養不足，便使一定不會強壯，服裝不齊，寒煖不調，居屋不清潔，環境不衛生，在在都是致病之由，還有就是時疫傳染，水土不服，更是軍中常有的現象，也是

行軍作戰致敗的原因，記得我從前在江西剿匪之時，軍中流行兩大疾病，就是「痢」與「瘧」，我於是絕對禁止士兵喝生水，吃生食品，結果痢疾不生，又限定官兵每週吃奎寧丸二粒，藉以預防瘧疾，結果瘧疾很少，作戰很久，戰鬥力始終保持，至於別的隊伍呢，病的很多，死的也不少，疲癃殘疾，狼狽萬狀，一旦開拔，宛如醫院搬家，抬的，扶着杖走的，前前後後，傷病滿路，佔了全營一大半，本來江西山嵐之地，疾病瘴癘甚多，剿匪部隊打死的少，病死的多，其實預防之法，道理很淺，人人都知，可惜不肯切實去做，即使倡導在先，也不肯切實檢查，行而不力，這些事，要在乎做得踏實，才能生效，要想做得踏實，惟在帶兵官自己檢查，持之有恆而已。還有我們在緬甸作戰末期，西撤印度的時候，那是要越過原始森林，而且熱帶的疾病很厲害，我嚴令全部下，不許喝生水，如有喝生水的，見了即予槍斃，因為那時後有追兵，担架醫藥又沒有，如果病了，能不能抬着走，就只有丟落下等候死亡，或因為不忍看到弟兄疾病呻吟，而又忍心拋棄的慘狀，所以與其看着他病倒還要受苦而死，何如一槍一痛快而打死，反而乾脆，因此才定下嚴厲的規則，結果，一路上只死去一人，他即是偷着喝生水發病而死的，所以一個帶兵官，無論平時戰時，一定要注意他隊，注意部下的生活一切與健康情形，而是現在的多數部隊長，卻從不肯注意這些，平日優之游之，甚至花天酒地只圖個人享受，行軍時，乘具轎之前馬後，自在進行到達了一站，就住入高等旅館，何嘗有心注意到士兵的生活與健康，一旦調赴前線，不僅士兵疲弱，不堪一擊，抑且士兵精神無頓心懷不平，無心作戰，所以 俗語常說

一八

二八九

「我們官長，要與士兵共甘苦，同寢食，打成一片」、

——卅七年六月廿日對新兵訓練會議 主席講「新兵訓練的責任與要務」——

如果官長能夠與士兵共甘苦，同寢食，就自然會體~~會~~味到士兵生活的痛苦，而去留意內務，以期改進官兵的生活了。

再就是說到武器方面，現在有許多部隊，一般言之受訓，首先就要求發新槍，殊不知武器是死的，人才是活的，任何精妙的武器，如無技術高超的活人去好好使用，仍不能發揮武器的效能，與無武器

同。而且任何精巧新式的武器，如果保管不好，机件損壞，仍与壞武器同，徒然費掉了製造的匠心。所以我們一定先要知道，如何使用武器，保管武器，才能領受武器，而且我國工業落後，不能製造武器，現在我國的兵工廠，名為造武器，實則原料初品，都仰給於外人，只等於裝配武器机件而已，因此我國損壞了一件武器，就少了一件，影響國家外匯，与歐美能自造武器的情形不同，所以對於武器的愛護保管，一定要特施注意，外國人說，武器是軍人的第二生命，而我們卻要把它看得比生命還要重要，因為人員還可以自己訓係補充，武器卻只能向外國購買，譬如一枝步槍，通常可以射擊一萬發，而一次急烈的戰鬥，最多能射擊一百五十發，已稱多到了極點，通常只不過一百發左右而已，要知道，如果很真瞄準射擊，連射五十發，就要臉腫肩痛，而要打上一萬發，試問須多少時候，多少次戰爭，[redacted]家們的槍枝，絕不會因實習與作戰而損壞，全是保管不良而損壞的，記得三十一軍在此地受訓，射擊時都說槍已老了壞了，一連不過十數枝好的，我問他們用了多久，他們說發了三年了，但還不曾作過戰，大家試想，三年時間，

一九七

不曾作戰，槍怎麼會壞的呢？記得我在南京有一回集合的時候，有二〇三師一个副團長，帶來了三十餘枝步槍，鏽得机柄也拉不開，被我查內務時看到了，去問他，他說，是上面交給他帶來，原來就是這麼樣的，好似他沒有一点兒責任似的，真使人啼笑皆非，須知任何槍枝，到了軍人手中，因為是內行，就有愛護保管的責任，當時我處罰他擦拭乾淨，交我驗看，我還去帶部隊，一定要教士兵知道愛護武器，保管武器，每次作戰下來，輕傷的，先擦好槍，再去醫療，重傷的，將槍托人擦好，然上衣

一七

彙，以備傷愈時好用，甚至有被打死了，槍還是緊緊地握在手中，真是有不容許槍有損失！記得當我由戰場下來主持訓練事宜時，當時主席蔣公，問我是否要調用些舊有幹部，我說，他們正在作戰，不能調動，只要求調四百名軍士，帶四百枝舊步槍，其實這槍並不名貴，都是普通的毛瑟槍，卻因為是二十七年整訓時所發，隨我遠征印緬，轉戰東北，歷盡多少艱難，在緬甸已經連續作戰二十個月，中間只休息不到一月，可是現在還有七八成新，槍口未壞，來復綫依

一九一

我，這就是因為承特別注意內務，士兵愛護週到的緣故。從前日俄戰前，日軍人到俄艦上參觀，用那戴了白手套的手，伸進砲膛中一摸，手套上有灰，日人就知道俄國海軍腐敗，可以戰勝他。後來日俄開仗，俄人果然大敗，拿破崙接受砲兵隊長時，見砲架上曬衣，砲膛內睡有小貓，就知部隊腐敗，不能作戰，於是力加整頓，所以承帶部隊時，嚴令底下官兵不得糟蹋武器，譬如槍枝作扁担挑東西，或者倒掛着走，或者作拐杖扶手，凡有此等現象，承毫不客氣，先要打班長，再打士兵，如

一二一

一排中都是如此情形，就打排長，一連或一營中都有此情形，就打連營長，為什麼要如此嚴厲，因為不如此，不能改過來。此次六○三團馬尾作戰下來，我到廈門親自去慰問，一見面，首先檢查武器，還好，他們都能知道愛護，全未銹損，只有兩个兵，下了船才上油，所以槍膛銹了一點，我當時責問他，他自知是疏忽的錯誤。

此外財務經理，人事管理，也屬內務之列，前面已經詳為談及，總要財政公開，人事公平，以最少的財力作最多的用途，以最少的人力，辦最多的事業，此

一九三

調節省財力人力物力，就總在經理管理的方法了。

四、知人善用：

必先知人，而後才能用人，古今中外任何偉人的成功大業，總在乎「知人善用」四字，亦即所謂「幹部決定一切」，一定要幹部健全，而後整個團體，才得健全，即如秦漢之際，項羽個人的本領，實在不錯，而結果敗在劉邦手中，就是因為項羽有一范增，而不能用，劉邦卻用了張良，韓信、蕭何諸人，~~古語說「以人為本，天下首要」~~、並且真正成大事業的人，即使是他的仇人，他也能用之以成大業。譬如管仲，原本事公子糾，是齊桓公的弟弟，曾奉公子糾之命，遮道邀擊桓公，射中桓公鉤，後來桓公立，公子糾死，管仲被囚，卻能因鮑叔之薦，而用管仲為相，於是桓公九合諸侯，一匡天下，都是得力於管仲之謀（見史記齊世家及管晏列傳）。又如唐太宗時的魏徵，本是太子建成手下的人，太子和太宗爭位的時候，魏徵幫着太子，後來太宗用了魏徵，得力甚多，史稱「貞觀之治」，由此可見只[redacted]要能夠用人，[redacted]就能成事。胡文忠公說

一九三

「……而其要以得人為主，得人者昌，失人者亡，設五百人之營，無一謀略之士，英達之材，必不成軍，千人之營，無六七英達謀略之士，亦不成軍」

——曾胡治兵語錄第一章「用材」第二二頁——

曾文正公也說：

「為政之道，得人治事，二者並重，得人不外四事曰：廣收、慎用、勤教、嚴繩、……」

——曾胡治兵語錄第一章「擇材」第三一頁——

又說：

「居高位，以知人曉事二者為職，知人誠不易學，曉

（七）

事，則易於周歷，思慮由之，…………恒言皆以分別君子小人為要，而鄙論則謂天下無一成不變之君子，亦無一成不變之小人，今日能知人，能曉事，則為君子，明日不知人，不曉事，則為小人，寅刻公正光明，則為君子，卯刻偏私晻曖，則為小人，故群毀群譽之所在，下走常穆然深念，不能附和」

——見胡適之選錄曾文正公「明道」第一九一頁——

蔡松坡先生，更發揮文正公的這思想說

「文正公謂居高位以知人曉事為職，且以能知人曉事與否，判別其為君子、為小人，雖屬有感而發，持論至為正當，並非憤激之詞，用人之當否，視乎知人之明昧，辦事之才不才，視乎曉事之透不透，不知人則不能用人，不曉事則不能辦事，君子小人之別，以能否利人濟物為斷，苟誤用之人不能稱職，所辦之事，措置乖方，以致貽誤大局，縱白其心無他，實難為之寬恕者也

——見胡從經著「分明」第二〇三頁——

所以一個人做事，想要成功，總以能得人能知人，為第一要訣，上述項所說「接近部下」「明瞭下屬」也就是做

一七二

審察人才的方法，但這僅就部屬中選拔人才而言，同時還要從各方面去羅致人才，知人已經不易，知人而能善用，更是難事，因為人才既少，而又難得全材，有其長處，亦有其短處，只要能用其所長，即已收到網羅人才的大要。曾文正公說：

「今日所當講求，尤在用人一端，人材有轉移之道，有培養之方，有考察之法」

——以曾胡治兵語錄第三章「用人」第三九頁——

又說：

「人材以陶冶而成，不可眼孔太高，動謂無人可用」

——曾胡治兵語錄第二章「用人」第四一頁——

又說：

「竊疑古人論將，神明變幻，不可方物，幾於百長並集，一短難容，恐亦史冊追崇之詞，初非預定之品，要以衡材不拘一格，論事不求苛細，無因寸朽而棄連抱，無施數罟以失巨鱗，斯先哲之恒言，雖愚蒙而可勉。」

——曾胡治兵語錄第二章「用人」第四一頁——

因為世少全材，所以蔣公生時認為不可眼孔太高，不可以小棄大，如用之得法，雖外似愚蒙，亦有長處

一七八

處可取，甚至可以大用，所以只在會用人者能善為陶冶培養，因而轉移風氣，使無用的都能趨上進，成為有用，壞的隨後默化，而歸於善，胡文忠公也說：

「人才因求才者之智識而生，亦由用才者之分量而出，用人如用馬，得千里之馬而不識，識矣而不勝其力，則且樂駑駘之便安，而斥騏驥之偉駿矣」

——見胡文忠遺集第二章「用人」第五一頁——

蔡松坡先生引申曾胡兩公的話說：

「曾謂人才以陶冶而成，胡亦曰人才由用才者之分量而出，乃知用人不必拘定一格，而薰陶裁成之術尤在用人者運之以精心，使人人各得顯其所長，去其所短而已。所謂人才隨風氣為轉移，居上位者，有轉移風氣之責，因勢而利導之，對病而下藥，風氣雖敗壞，自有挽回之一日，今日吾國社會風氣敗壞極矣，因而感染至於軍隊，以致人才消乏，不能舉練兵之實績，頹波浩浩，不知所屆，惟在多數同心共德之君子，相與提絜維繫，激盪挑撥，障狂瀾使西倒，俾善者日趨於善，不善者亦潛移默化，則人皆

一九二

可用矣」

——見胡林翼治兵語錄第二章「用人」第五六頁——

只要各部隊長有心用人，竭力求才，誠懇待人，則人才轉相類引，愈來愈多，此所以有先正所說：

「求人之道，須如白圭之治生，如鷹隼之摯物，不得不休，又如蚨之有母，雉之有媒，以類相求，以氣相引，庶幾得一而可及其餘，大抵人材約有兩種，一種官氣較多，官氣較多者，好講資格，好問樣子，辦事無驚世駭俗之象，言語無此妨彼礙之弊，其失也，奄奄無氣，凡遇一事，但憑書

一九七

辦家人之口說出，憑文書寫出，不能身到心到口到眼到，尤不能苦下身段，去事上體察一番，鄉氣多者，好逞才能，好出新樣，行事則知己不知人，語言則顧前不顧後，其失也，一事未成，物議先騰，兩者之失，厥咎惟均，人非大賢，亦斷難出此兩失之外，吾欲以「勞苦忍辱」四字教人，故且戒官氣而姑用鄉氣之人，必取遇事體察，身到心到口到眼到者，趙廣漢好用新進少年，劉晏好用士人理財，竊師之」

——曾胡治兵語錄第三章「用人」第四三頁——

（一七）

先父以「苦思學」四字教人，主張用御氣之人，因為官氣多的太油滑，~~尤其官氣太重~~，不如御氣的誠實，所以我也贊成這種主張

先父說人材「以類相求」，曰一而不及其餘，這種見解非常正確，因一好人，則許多好人，隨之而來，有一壞人而許多壞人也朋黨類引，都來集合，現在就是因為好人不易被發現，於是社會上一般情形，都是人找事，事找人，其唯一的缺點，仍是不知人才，而不是真的沒有人才，從前還有考試制度，可以選拔人才，現在就只有用訓練的方法，來訓練人才，同時也可以從訓練中

一九八

認識人才，選拔人才，現在用人的困難第一是不知人才，第二是找不到人才，雖然失業求事的很多，而真能負責做事的人，卻不見得有多少，胡文忠公當日也曾說：「近人貪利冒功，今日求乞差使，爭先恐後，即異日首先潰散之人，屈指計之，用人不易。」

——見胡文忠公語錄第二章「用人」節五〇頁——

這雖是當時感慨萬端的話，比之今日，卻再恰切也沒有了。又有些人說，退伍軍官以及前後撤退下來的軍官很多，一旦集合，就可以成立若干師，加以裝配，即能作戰，這真如癡人說夢，試問烏合之眾，何能

一七七

作戰，調去的軍官，互不相識，互不了解，不加訓練，不加組織，又何能知其才与不才，而用得恰當，使人盡其才，才盡其用，如果這些方面，不加注意，縱有好的裝配，徒能用以資敵而已，因為兵不精練，團結不固，欲上戰場，難免不一觸即潰，甚至被敵人繳械了事，胡文忠公說得好：

「古人之治兵，先求將而後選兵，今之言兵者，先招兵，並不擇將，譬之振衣者，不提其領而挈其裾，是棼之也，而自詫矣」

——見胡潤芝兵法第十二章「用人」第五二頁——

一九九

又說：

「是哨官什長，須至勇至廉，不十分勇，不足以倡眾人之氣，不十分廉，不足以服眾人之心」

——曾胡治兵語錄第二章「用人」第五〇頁——

「營官不得人，一營皆成廢物，哨官不得人，一哨皆廢物，什長不得人，十人皆成廢物，濫取充數，有兵如無兵也」

——曾胡治兵語錄，第二章「用人」第四九頁——

至於知人用人之法，固在乎平日細心考察，「用人惟才」，更在乎危難之時，見其真偽賢否，即所謂「觀人於微」，

二八

與「觀人於危」，有交互之說：

「曾履危難而不變，縱寄樓櫓更，則變矣」，

——曾胡治兵語錄第一章「用心」第五四頁——

「人才非困阨則不能激，非危心深慮則不能達」

——曾胡治兵語錄第二章「用人」第五五頁——

左文襄公之說：

「非知人不能善其任，非善任不能謂之知人，非開誠心佈公道，不能盡人之心，非獎其長並護其短，不能盡人之力，非用人之朝氣，不能盡人之才，非令其優劣得所，不能盡人之用」

—見曾胡治兵語錄第二章「用人」第五五頁—

蔡松坡先生也說：

「昔賢於用人之端，內舉不避親，外舉不避仇，其宅心之正大，足以昭式百世，若曾公之薦左宗棠，而劾李次青，不以恩怨而廢舉劾，名臣胸襟，自足千古」

—見曾胡治兵語錄第二章「用人」第二〇四頁—

不是現在一般部隊長用人，卻不如此，他們只用兩種人，一種是專門逢迎左右，投機取巧的奴才，只看如何探詢的長官心理，儘量逢迎着去做，說得天花

二〇一

二七一

乱望、做的像煞有介事、究其實際、全在粉飾崇
歸、孔子就說「巧言令色鮮矣仁」（見論語學而第一）就是說
言語花巧（靈利）態度恭順卑下的人、居心一定不好、而他
們却可以逢迎升遷、把持操縱、弄權使詐、因
而飛黃騰達、另一種人、就是全憑著人情
人事關係、譬如一个長官到任、他的親戚同鄉、
同學朋友、小舅子、一起跟着上台、真是一人得道、
雞犬皆仙。上述兩種人（用人方法）一種是專憑長官（的）愛惜
用人、一種是專憑長官的人情用人、用這樣
的人辦事、還會辦得好嗎？、如果要改革這種

風氣，唯有實行新人事制度，用人一定要根據學歷、資歷、過去實績，工作成績等，~~以及現在工作精神~~，至於陞遷也要根據工作成績以及考核結果，並且要按期考績，考績，要根據事實，不能空洞含混，最好是上下雙方考核，先由底下開會，公開舉出事實，然後由上面切實考察，必要上下所見皆同，然後陞遷，自然能夠公允恰當，足服眾心了。可是現在風氣已壞，所以軍隊中也弄得死氣沈沈，大家都是青年的軍官，佐屬，報國有心，就該負起改革的責任，來轉移風氣，蔡松坡先生曾說：

一一二

「用人論資格，固足以屈抑人才，今之不論資格，尤未足以激揚清濁，貴不必功，富不必勞，舉不必才，動不必當，或今賢而昨否，或今厚而昨薄，揚之則舉之九天之上，抑之則置之九淵之下，得之者不為喜，失之者不為歉，此猶為操縱人才策勵士氣之具，其效力竟以全失，欲圖挽回補救，其權操之自上，非吾儕所得與聞，惟吾人既居將校，在一小部份內，於用人一端，亦非絕無發言之權力，既有此權，則應於「用人惟賢，循名核實」之義，特加之意，俾於一

二七二

小部分有此裨益亦足以心安理得」

——見增補吳子證錄第七章「公卿」第二〇四頁——

諸家莫不極力提倡「打人出頭」，凡有一善，無論大小，都該表揚，我家報「精忠報」特闢「英雄模範」一欄，藉以獎揚軍中的模範英雄，記得我在東北時，有一椿這樣的事：

「一個弟兄，一天撿到一個皮包，裡面有兩萬塊流通券，為那個弟兄入伍才兩個月，是保甲長抽他來的，他的家境貧寒，父親死了，停柩在堂，妻子病倒在床上，還有一個兩歲的孩子，一家

二〇三

敬口，全靠他看活，保甲長卻不顧他家的死活，拉來抵數，他當時推了皮包，照一般常情論正好瞞著不做聲，藉機開小差好了，但是他卻交給了隊長，沒來轉報給我知道了，認為應當嘉獎，可資模範，於是第二天集合全軍官兵，讓他到臺上，向大家宣佈「這是本軍的英雄模範」，並賞他一萬元給假一月，以便回家料理喪病，如果願意，回部隊隨時報到，否則因為他不合做兵規定，准予歸家，不來也可以，後來才到二十九天他就回部銷假！

二〇三

由此可見不是軍中沒有好人，而是不容被發現而已，我們一定要隨時提拔部下，切不可以忌才，有些短見的人，以為部下有人才，惟恐將來篡奪自己的位置，要想方法除掉，殊不知水漲船高，手下的人才多，則整個團体的表現，一定很好，上下一氣，相得益彰，不是更好嗎？試看曾文正公幕下人才輩出，所以曾公的事業，能夠煊赫一時，成為清室中興功臣，至於人才的駕馭方法，也得注意，有才幹的人，多是个性很強，駕馭不得法，就會跑掉，好千里之馬，性必暴烈，非得善騎者，不能使用，良材的駕馭，掃

二一四

根之論，不外大量包容，捨短取長，諸事強忍而已。最後說到人才的代謝，任何部隊，只能用其朝氣，而不能恃以長久，因為久則暮氣沈沈，所以通常一支勁旅，不過十年，過此就成強弩之末，無可為用了。曾公平定洪楊以後，極言湘軍已不可用，不為無見。英美軍隊經一次大戰後即全作復員，像艾森豪威尔等，戰罷即退休，讓新的出來，也是此意。我們現在動員老部隊，老幹部好似資格越老越好，究其實際，殊不能隨著時代是進，卻是資格越老，腐化越深，直毫無

二〇四

朝氣可用了、

五、勤勞堅忍：

天下無論何事、若要做好、都得勤勉將事、忍苦耐苦、若是好逸惡勞、不能刻苦、不能持久、任何事均無成功的。古希曾文正公說

「天下事、未有不由艱苦中得來、而可大可久者也」

——見曾胡治兵語錄第九章〈勤勞〉第二二七頁——

二八三

又說：

「百種弊端，皆由懶生，懶則弛緩，弛緩則治人不嚴，而趣功不敏，一處弛則百處懶矣」

——曾胡治兵語錄第九章「勤勞」第二二八頁——

又說：

「習勞為辦事之本，引用一班能耐勞苦之正人，日久自有大效」

——曾胡治兵語錄第九章「勤勞」第二四三頁——

可見無論做甚麼事，懶為致敗之由，而勤為成功之本，記得從前清華大學有一個同學，曾到美國

二〇五

留學，中英文都好，但回國後，懶於做事，專在朋友群中，借錢度日，遊手好閒，專打「秋風」，有時同學介紹他去做事，不到一二天，他又回來了，問其緣故，他答道，「還是讓我自由的好些」，後來竟餓而死，我們試研究這種人竟餓死的原因，只在一個「懶」字，如果偷懶成性，真是要飯三年，皇帝也懶得做了，以我這同學的如此有才學，只因為懶，尚且竟餓而死，則本領不夠而又不勤勞的，真是無處圖生存了。

試看現在的台灣人民，舉家男婦大小，總以能作事，

二八八

有職業為業，家裡開店，丈夫出門進貨，妻子就在家裡理掌店務，小孩在街上作臨販，全家無一人吃閒飯的人，較之內地五六口之家，全靠一個當家的掙錢養活，真是好得多了。並且「勤勞耐苦」不是天性生成，全賴習慣養成。這種習慣如果養成了，則作事井井有條，凡事都能成功，所謂「勤能補拙」，俗話說「世上無難事，只怕有心人」，如果不能勤勞耐苦，堅忍有恆，就縱有好的環境，好的機會，也還是不能做成甚麼事業，記得有一個這樣的笑話：「從前有一個人，命運八字非常的好，初出

二七六

發大財，他自己知道了，非常歡喜，以為反正命裡要發大財，又何必做事，終日只等候那大財運來到，誰知終至窮困而死，於是他向閻王告去論理，閻王命判官查明，判官查後回覆道：陽間三百六十行皆無其名，此有發財之事，他都不肯做，命裡雖說有財，卻無法給他，他也無從得到。

這雖是一個笑話，卻也有其道理，不勤勞專事偷懶的人，那事業又何能成功呢。

至於軍隊上，比其他一般的事情，更應當勤勞堅忍，因為部隊好比一個大家庭，帶兵官就是家長，事

二〇二

二〇七

無鉅細，都須顧慮週到，非把全部精神放在部隊上，不能將事情做好，故必須勤勞堅忍，才能作帶兵官，必須有勤勞的決心，堅忍的毅力，才能去帶兵。曾文正公曾說：

「治軍之道，以勤為先，身勤則強，逸則病，家勤則興，懶則衰，國勤則治，怠則亂，軍勤則勝，惰則敗，惰者暮氣也，常常提其朝氣為安」

——曾胡治兵語錄第九章「勤勞」第二二八頁——

胡文忠公也說：

「軍旅之事，非以身先之，勞之，事必無補，古今名將，不僅才略異眾，亦且精力過人」

——曾胡治兵語錄第九章「勤勞」第二三二頁——

「將不理事，則無不驕縱者，驕縱之兵，無不怯弱者」

——曾胡治兵語錄第九章「勤勞」第二三二頁

又說：

「兵事為學生功課，不進則退，不戰則並不能守，敬姜之言曰，勞則思，逸則淫，設以數萬人較兵場上，無論古今，無此辦法，且久逸則筋

二八

脈皆弛，心胆亦怯，不僅難戰，亦必難守」

——見「曾胡治兵語錄」第九章「勤勞」第二三四頁——

又說：

「淫佚酒色，取敗之媒，徵逐嬉娛，治兵所戒，全陸團師之潰，皆由將驕兵惰，終日酣嬉，不以賊匪為念，或樂文案中之喜，或戀室家之私，或群与縱酒酣歌，或日在賭場煙館，淫蕩志，樂極忘疲，以致兵氣不揚，禦侮無備，全軍覆沒，皆在宣淫縱慾中來也，夫兵猶火也，不戢則焚，兵猶水也，不流則腐，治軍

之道必以苦其心志，勞其筋骨為典法，

——見胡傳兵謀第九章「勤勞」第二三五頁——

曾文正公也說

「養生之道，莫大於懲忿窒慾，多動少食」

——見胡傳兵謀第九章「勤勞」第二三一頁——

這種勤勞堅忍的習慣，應當自孩時養成，然後到了發時，應該可以應付非常艱劇的任務，所以曾文正公又說：

「使兵之道，必須官弁晝夜從事，乃可漸幾於熟，如雞伏卵，如爐鍊丹，未可須臾稍離。」

二〇九

二十九

——見胡治兵語錄第九章「勤勞」第二二七頁——

又說：

「治軍以勤字為先，由閱歷而知其不可易，未有平日不早起，而臨敵忽能早起者，未有平日不習勞，而臨敵忽能習勞者，未有平日不能忍飢耐寒，而臨敵忽能忍飢耐寒者，吾輩當共習勤勞，始之以愧厲，繼之以痛懲。」

——見胡治兵語錄第九章「勤勞」第二二九頁——

因為「好逸惡勞」、「貪生怕死」是人的天性，而軍人的行為，卻要反乎天性，要能勤勞耐勞，堅持強忍，要能不貪生怕死，奮勇殺敵，所以這就是平日苦功加訓練，習勞忍苦，使身体健壯，能夠耐受辛苦，使技術精熟，能夠運用自如，就自然藝高人胆大，所以為戰而無所畏懼了。從前蔣百里先生曾經有過這樣的意見，一個國家的人民，平時一切生活條件，与戰時生活條件，相去不遠，就可以持久作戰，如果平時生活優裕，一旦戰時生活很苦，那國民就極少作戰能力了，所以物質生活愈是安閒，國家愈難持久作戰，就是國家日常生活水準低，不以戰時生活為特別苦，能自而安之若素，抗戰

二八

時同盟國對於我們的作戰能力，持久不懈，表示驚異，就是這個原因。記得~~當時盟軍都嘆不~~

我們在緬甸作戰時，都轉於荒僻的原始森林中，每日行軍，要自己披荊斬棘的開路，到了宿營的地方，既無人煙住户，又無可資利用的光地，全靠官兵割草燒煙，藉以驅除蚊蟲，伐木作架，搭蓋上芭蕉葉子，藉作臨時住屋，然後官兵洗澡洗衣，整理清潔，再行安宿，雖是行軍一日，十分疲倦之餘，也必得如此辛苦的整頓，才能睡下，雖然睡眠的時間短些，而卻能得到真正

二一〇

的休息，而盟軍呢，他們不曾習於勞苦，在那原始森林中行軍已經覺得苦不堪言，一到休息下來，也就再無精力作其他的事了，真如野雞一般，只顧將頭向草中一竄，用遮子蓋了，其他甚麼也不管，露水的寒涼，汗衣的骯髒，地上的潮濕，蚊蟲的叱咬，螞蝗的黏着等，他都不理，結果很快的就故多已經病壞了，所以他們的步兵，不到幾個月，就已全部換了新的，不及換的多已得了神經病，並且當地有一種小蟲，咬了就害斑疹傷寒病，發高熱而死，他們死於這病的不知若干，由此更足証明，不習勞苦耐苦，

二二

二二二

到了戰場，一定無法耐受那種艱苦，一个人想要做点事業，一定要不怕心力勞苦。曾文正公曾說：「用兵最戒驕氣惰氣，作人之道，亦惟驕惰二字誤之最甚。扶危救難之英雄，以心力勞苦為第一義」

—曾胡治兵語錄第九章「勤勞」第二四七頁—

蔡松坡先生也說：

「戰爭之事，或跋涉冰天雪窖之間，或馳驅酷暑惡瘴之鄉，或趁雨雪露營，或晝夜趲程行軍，寒不得衣，飢不得食，渴不得水，槍林彈雨之中，血肉橫飛，極人世所不見之慘，受恒人所不經之苦，其精神其体力，非於平时，養之有素，練之有恒，必不能堪此，練兵之主旨，以能效命於疆場為歸宿，欲其效命於疆場，是宜於平时竭盡手段，以修養其精神，鍛鍊其体魄，嫻熟其技藝，臨事之際，乃能有恃以不恐，故習其苦，為治軍之第一要義，而馭兵之道，亦以使之習其苦為不二法門，蓋人性似猴，喜動不喜靜，宜勞不宜逸，勞則思，逸則淫，閑居無所事事，則為不善，此常人恒態，聚數百千血氣方剛之少

二一二

年於一團，苟能以範其心志，勞其体膚，其不踰閑蕩檢，潰出隄防之外者烏可得耶」

—曾胡治兵語錄第九章「勤勞」第二四八頁—

記得我當團長時，駐紮在蘇北的贛榆，我為了練習勤勞堅忍的精神和習慣，帶了六七十個帳幕，特意駐軍在一山上，每天未等天亮就要起來，跑步爬山，上午出操，下午打野外，晚上集体唱歌遊戲，按時操作，按時休息，總以鍛鍊忍苦耐勞的精神為主，稱那營地為臥嘗營，学習臥薪嘗胆的精神，是這樣經了兩月，才下山來。

二二

個個身體健壯、精神抖擻、技術精良，具有出山之虎、接着又在海邊訓練兩月，於是都成為水陸英雄。可是現在一般國軍，大都流於驕惰，終日酣嬉，所以在戰場上就要吃虧了。總統常訓話說「平時多流汗，戰時少流血」，這實是千古不磨的金科玉律，必須如此，才能練成勁旅。我希望大家都能體會這個道理，將兵帶好、

二一三

六、使部下明瞭任務：

任務是決心的基礎，一定要先有任務，而且能很正確的明瞭這任務的性質範圍與意義，然後才能下定決心，去努力進行以期達成這個任務。如果任務不明，根本不知道上面的企圖與交付此一任務的目的，與命令所要做的範圍與性質，那麼做的時候，不是做錯了，就會徬徨失措，猶疑不決，這樣又何能達成任務呢

作戰綱要草案中說：

「決心以周到之思慮，與迅速之決斷定之。

二二三

尤應以任務為基礎。

——作戰綱要草案第二篇第七項——

可見必要有正確的任務，才有堅定的決心，才有勇敢的行動，否則就根本不知道將如何行動，与此假的事了。

可是現在一般高級指揮官，指揮部隊作戰時，對下級所下命令，常是任務不明，或是任務龐雜，使部下覺得命令含混，莫明其中心與範圍，或是任務太多太亂，使人無從做起，這原因第一是由於高級指揮官，對當地的敵我情況不明，

二一三

有一支部隊在那兒，对那方面的甚麼事態，与敵人所發生的甚麼變化，都希望那支部隊去應付，此信令的任務，就龐雜多而亂，第二是由於高級指揮官果斷力不夠，不能斷然肯定的處置，而又想以推諉卸責，所以命令中的任務，就含混不明，莫測其中心意旨与範圍所及，其實是預備不幸而失敗時，高級指揮官可以推卸指揮錯誤之責，而部下卻要受坐失戎机的罪了。我們知道，軍人是以服從命令為天職，軍事是以嚴厲執行命令為要義，但上面所下的命令

二十四

令，任務含混不明，這命令也就無法服從了。所以一个部隊長，對部下的命令交付的任務，一定要正確明朗，使部下清楚的明瞭上面的企圖，使他無從曲解与猶豫，這樣，部下當然只有遵照著去做，無從推諉，也不會誤會更不用遲疑了，不僅大部隊的指揮，戰場的驅使，應當如此，就是平常大小事項，凡叫部下去做的，都應當使他正確的明瞭任務的範圍與意義，才不會做錯，譬如叫一个兵去放步哨，這雖是一樁極平常而又小的事，可是有時影響極大，關係[illegible]

二一三

想个部隊的存亡与戰事的勝敗，有許多戰事，是誤於一二哨兵疏忽之手，所以一定要使那个兵懂得步哨手冊的規定，就會懂得他要做些甚麼，~~事怎樣去做~~，這樣就能服從命令達成任務，了，又如作戰時，長官要部下攻取某一據点，一定要簡單扼要而又明白的告訴部下，企圖如何，任務範圍如何，至於如何去攻奪，如何以達成這一任務，那是部下的事，由他去想方法好了，如果命令不明，一味含混，部下不能明瞭確切的任務，一定會發生若干誤會，結果，部下雖是努力去做，還是不能達成任務，

二十五

同時，帶兵官給部下以任務時，還要注意部下的能力與當前的情勢，要估量是否做得到的，才可以將這任務交給他，教他去完成，如果在某一時間，某一地點，或是當前的某一情況下，實在是做不到的事，不可勉強要求部下去做，因為這樣，容易引起反感，反而失去部下的信心，現在戰場上，有些部隊長，不顧敵情，不顧自己的軍力與裝備等，一味亂下命令，亂交任務，激起部下憤憤不平，動搖鬥志，結果，分明可以勝算的，也就因而吃敗仗了。

並且部下應是正確的了解他的任務，事實上又

二一八

可以假仍州，他當然會自覺有把握而去進行，而對於部隊長這種恰當的處置，也會有了信心，因而相信部隊長對其他方面其他部隊的處置，也不會錯誤，這樣就不會被任何謠言所動搖，我們知道，軍中謠言，最能敗事，從來行軍作戰，對於造謠惑眾擾亂軍心者，是列爲三斬之一，與貪生怕死，臨陣退縮者同樣嚴重，到了緊急關頭，前後如果謠傳後面業崩潰，或是謠傳長官對他有不利行爲，這樣軍心一動，難免不會退敗下來，如果命令清楚，任務瞭然，只告訴他守住某一據點，或

二二六

攻克某一據點，他又能守得住，攻得好，對自己已有了信心，因而對全戰局有了信心，或對長官也有了信心，絕不會相信崩潰得如此快，不會相信長官對他有何責難，也自信任務已完成，也無從責難起，這樣一經攻壓，或是一經調查，則謠言不攻自破了。

總之，軍隊從馭者指揮或驅策部下，一定要使部下明瞭任務命令，不可含混，不可龐雜，同時要顧及環境的困難，敵我的情勢，與部下的能力及裝備，如果屬下命令，縱以不服從命令即懲罰相威嚇，致陷軍心動搖，張皇失措，未戰先餒，未敗先潰，勝彼敵

二二二

此，無一是處，不獨不能達成任務，甚至影響全局 二六七
一敗塗地。

七、注意團結：

一個部隊，能否作戰，第一須看其紀律是否嚴明，第二
團結力是否堅強，第三才看其訓練如何，第四才談到
裝備，所以一定要上下團結，官兵一心，然後才能發生
偉大的戰鬥力量，究竟用什麼方法才可以促進團結
呢？現在下面舉出幾個辦法

○以從集体生活提高團結精神——部隊是一種

○○團体生活，無論起居飲食工作休息操練遊戲，都是集体行動，我們就要從這種集体生活中，提倡團結精神，絕不容許分歧離散，以期養成團結的習慣。　俗話說：

○○○「對於士兵，要充實他們的生活內容，提高他們的生活興趣，使全体官兵，步調一致，情緒奮發，齊一全軍的心志，團結全軍的精神，並培養軍人的勇氣，涵養軍人的德性」、

二二

○○○○——卅年六月廿新兵訓練會議主席講「新兵的訓練與責任」—— 二十八

○○由此可見團結精神，在營日常生活中養成，不僅人羣如此，就是獸類，也莫不如此，通常狗驟成羣，一定相咬，但內地大戶人家，養的狗就是一窩，多至七八隻，白天關在一屋，晚上才放出來，屋前屋後亂跑，如有偷兒行竊，一狗發見，羣狗齊咬，勢如狼虎，這就是平日生活成羣的緣故。

○〈2〉以比賽方式促進團結——團體比賽，很可以促進各單位的團結精神，因為在比賽的過程中，大家都能齊心合力，以爭取那團結勝利的光榮，不過，利用不得其法，甚至大家鉤心鬥角，或以官猜的心境，幸災樂禍，希望別人出亂子，這樣的功效，就適得其反了，所以要有一個先決条件，就是要有真正比賽的精神，比賽的道德，一切拿真本事硬工夫去比賽，勝不驕，敗不餒，不是偽作弊，不暗算他人，一切光明正大，絕無倖取勝利之心，更不可有仇恨相打之事，正如俠義小說所說，光明磊落方是好漢，

前已曾經昭示你們

二一七

「以後各部隊，無論訓練作戰等，都要運用競賽方法，積極方面，可以增進一般業務與訓練的效能，消極方面，亦可以因競賽而防止弊病」。

——廿七年十月廿五日柳州軍事會議　主席訓詞——

(3)運用光榮歷史培養團結——一個部隊，因着過去戰績光輝，常常能夠全體奮發團結，以期保存這光榮的歷史，譬如北伐時的第四軍，戰功彪炳，號為鐵軍，所以當時第四軍的同志，團結一心，隨時警惕，惟恐喪失了這鐵軍的榮譽。

至於青年軍，創立之時，意義重大，當時已是抗戰末期，因看軍事上的失利，人心動搖，同時外國人批評我國軍的素質不好，於是 國府主席蔣公號召十萬智識青年從軍，都是大中學生，是一種劃時代的壯舉，一方面藉以安定了動搖的人心，覺得我國青年有勇氣鼓，足以救國，一方面提高軍人素質，證明我國不只農民作戰，此以現在各青年軍應有

二二一

創時代的抱負，團結一致，當仁不讓，來完成戡亂建國的偉業，以保全這光榮的史頁。須知一個部隊，要創造光榮的歷史，非常艱難，那是無數的頭顱熱血辛苦勞苦汗所凑成的光輝，有了這種光輝，就要善為運用，發揚光大，永記們永勝常的新一軍，遠征印緬，苦戰東北，才爭取得有的光榮，從來永移交時，常舉行盛大儀式，一切獎旗等，都親手交給後任，希望他能保持這種榮譽，可是過不了好久，一

二二〇

却竟遭毀滅，軍長個人逃出而已，這是他不能好好地運用光榮歷史的緣故。

㈣以獎勵方法加強團結——無論是日常的成績，或是比賽成績，要少獎個人，多獎團體，則團體因為得獎而光榮，官兵為了要保持這團體的光榮，自然都能一心團結，都願意為爭取這團體的光榮而努力，又如果發見部下官兵有犧牲小我顧全大我的事蹟，更應當特為獎勵，以資提倡，至於是屬於整个团体的好處，如紀律好，戰功好，更是應當特為提出来嘉獎，又記得我带新一军时，曾有一团称为中正团，有一連称为中正連，這都是難得的殊榮，因為有半个連，大約只一排多人，前後三次守住松花江上的一个橋頭堡，歷时月餘，全未動搖，才得到如此的獎勵，而他們這一連一团，也就上下一致，团结無間，时々想保持這種非常的荣誉

二二三

(六)開誠佈公、感召團結、——一個統馭者，應當時時闡述團結的重要，擊破自私的心理，因為不能團結的原因，多半由於利害衝突與情感不洽，利害衝突的出發點，在於自私，情感不洽的出發點，在於不誠，只有開誠心佈公道，才可以避免自私與不誠的壞處。一個統馭者能夠誠以待人，公以處事，則風氣所化，自然能使部下親密無間，大家團結了。此外更是現在一般部隊長用人行事，常常分出派系，甚至鄉土觀念，同學關係，同學

二二二

之間還要分科分期分班，因此意見分歧，彼此猜忌，互相排擠，這就是不公不誠的表現，所以部隊長應以大公無私的精神，光明磊落的誠意，去感召部下，一切公開，一切誠實，然自然能使部下因人格精神的感召而團結一條了。

(6)去私心為公義以身作則——在美國的軍事學校裡，有三個標語，(一)是國家 Nation 第一，(二)是職責 Duty 第一，(三)名譽 Honor 第一，這三叫他們看作唯一信条，比三代祖宗還要重要，但任何事總是先公後私，把公家的看得重要，不如此就認為是莫大的恥辱。而我国人則只知有私，不知有公，就个人講，只知有个人，不知有團体，就国家講，只知有家，不知有国。於是以私廢公，因私害公的事，不一而足，貪污傾軋，都是由此一念而來，所以外国人批評中国人，一个人單獨工作，能力很好，兩个共同工作，便不行了，三个人共事，就要分家，俗話說「一个和尚挑水吃，兩个和尚抬水吃，三个和尚擡

二二三

二二三

水吃，四个和尚無水吃，也是這个緣故，亦仍一定要去私心急公義，才能拯救，凡事要以國家民族大團結，共眾福利為前提，才能挽此頹風，不但部隊長心理上應當如此，還須以身作則躬行動上去感化部下，即如父母之對子女，稍有偏愛，就要引起家庭糾紛，何況長官之對部下，所以惟有去私心急公義，以身作則才可以使部下團結。

右述各項，都是促進團結的有效方法，希望大家身体力行，譬如馬家軍從前在西北，號稱能戰，就是因為同一宗教，多是馬家一族或與馬家有関係之人，團結力強，所以才能如此，唯有團結，才是力量，唯有能團結，才称是堅強的部隊，有強大的戰鬥力量，這是希望大家特別注意。

八、注重紀律：

軍隊必須注重紀律，軍隊而無紀律，就成為烏合之眾，無

二二四

可為戰了，所以步兵操典上說：

「軍紀者軍隊之命脈也，軍隊必須有嚴肅之軍紀，然後精神上之團結力得以鞏固，戰鬥力之持久性得以確保。」

——步兵操典草案綱領第三——

究竟什麼是軍紀，總統前曾給它下了定義說：

「軍紀即軍隊全體心理所公認的規範。」

——民國十三年六月八日黃埔軍校[illegible]前對學生講「從軍紀」——

「其實法律只可算為軍紀成立分之一，因為法律僅在事後才能發生效力，對於事前實不能發

二二四

生怎麼功效的，如果是事後才發生效力，這就不中用了，对於事前發生功效的，實賴一種自發服從心，而這種自願服從心，又由信仰，信任，与自信三个信心相合而成的。」

民十三年黃埔校長在黃埔對学生講「說軍紀」——

由此可見紀律是要能發生效力於事前，也就是說，要使大家於無形之中，嚴守不渝，而不是因為怕受處罰才守紀律，這是防患於未然的意思，我常常說，假使部下因犯罪而檢舉，其實罪在長官，等於長官殺了部下，因為長官應當事先嚴加約束，

二三三

不時嚴加管教，使部下不至犯罪才是。長官對下不嚴，管教無方，待犯於事後殺人，其等於長官直接去殺他了。

至於軍紀的實施，標準要高，要求要嚴，絕不可馬虎，紀律的標準，就是嚴厲實行三項服從，就是命令服從，階級服從，資深服從。第一、合理命令服從，就是下級要服從上級命令，而且要貫徹到底，不是嚴困部隊，對於上級命令，常是陽奉陰違，不確實做到，任何命令，都不徹底，不時如此，我們因為如此，等軍令於弁髦，視戰爭如兒戲，這樣的軍隊，當然軍紀敗壞，毫無用處了。第二、站在階級服從，即是階級低的，要服從階級高的，這是我國的現象最壞，普通要是直屬長官，才可以管轄，非直屬長官，簡直不會去理他，須知階級是國家給與的，我們服從高的階級，就是服從國家命令，尊重國家的威嚴，在外國任何場合，總是由階級高的領導一切，指揮一切，站以日軍作了俘虜，仍是階級服從，層次井然，我國甚至於非直屬長官，街上遇見，禮也不肯敬，還能談得到服從指揮嗎？第三、站在資深服從就

二二八

是同一階級，資歷淺的應當服從資歷深的，譬如前線作戰，一旦連長戰死了，就于以階級高的排長代為指揮，如果階級相同，就由資深的指揮，其所以要如此者，是之為方便層層節制，以免臨事倉皇，毫無主宰。承們知道，軍人是以服從為天職，但服從須有系統，應當層層節制，三服從的規定，意義就在此，使他協合，使任何時間，無論平時戰時，均能按照系統指揮，無從紊亂，此種習慣，應於平時養之有素，尤其高級將領，切不可越級指揮部下，否則令出多門，使部下無所適從，同時在下違令

二七六

之後，不可朝令夕改，致使部下無所服從，若是在戰場上作戰，這兩點尤其重要，現在戰場上的失敗，常常是因為系統紊亂，朝令夕改，節制不週所致。胡文忠公說：

「兵無論多寡，總以能聽號令為上，不奉一將之令，兵多必敗，能奉一將之令，兵少必強。」

（參胡注，兵法集本十章「和輯」第二六〇頁）

又說：

「號令未出，不准勇者獨進，號令既出，不准怯者獨止，如此則功罪明而心志一矣」

二二二

——見曾胡治兵語錄第六章「嚴明」第一七三頁—— 二五七

至於要如何才能使紀律嚴明，命令徹底做到呢？簡單的說，就是「賞罰嚴明」，因為賞罰嚴明，即足以服衆心而張法紀，胡文忠公說：

「行軍之際，務須紀律嚴明，隊伍整齊，方為節制之師，如查有騷擾百姓，立即按以軍法，吕蒙行師，不能以一笠寬其鄉人，嚴明之謂也，絳侯治兵，不能以先驅犯其壁壘，整齊之謂也」

——見曾胡治兵語錄第六章「嚴明」第一七六頁——

又說

「立法宜嚴，用法宜寬，顯以示之紀律，隱以激其忠良，庶幾畏威懷德，可成節制之師，若先寬後嚴，必切怨將帥破壞，徒生怨尤，軍政必難整飭。」

——曾胡治兵語錄第九章「嚴明」第一七八頁——

曾文正公也說：

「近年馭將，失之寬厚，又與諸將相距遙遠，危險之際，弊端百出，然後知古人所云「作事威克厥愛」，雖少必濟，反是乃敗道耳」

二二

——呈胡總長說明最近說明某某之「嚴明」第一六八至—— 二三八

蔡松坡先生也說：

「治軍之要，尤在賞罰嚴明，煦煦為仁，足以隳軍紀，而誤國事。此盡人所皆知者，近年軍隊風氣，紀綱大弛，賞罰之寬嚴，每不中程，或姑息以圖見好，或故為苛罰以示威，以愛憎為喜怒，憑喜怒以決賞罰，於是賞不知感，罰不知畏，此中消息，由於人心之澆薄者居其半，而由於措施之乖方者亦居其半。當此潰泄成風，委頓疲玩之餘，非振之以猛，不足以挽回頹風，與其失之寬，不不失之嚴，決之然後知恩，威之然後知威，以菩薩心腸，行霹靂手段，此其時矣，是要諸君健者，毅然行之而無稍緩，則軍事其有瘳乎」

—見蔣總統集第六集「嚴明」第一八〇頁—

軍隊名譽的損壞，就在乎紀律的嚴明與廢弛，蔡松坡先生說當時軍隊風氣太壞，紀綱大弛，其實現在軍隊的風氣的壞，有過之無不及，而時風氣敗壞，戰時紀律更廢不行，說來令人痛心，甚至還有人為此的說，某部隊作戰還可以，可惜紀

二二七

律差一點，好似紀律與作戰是兩樁事，殊不知紀律差的部隊，根本談不上團結與訓練，更無所謂裝備的好壞，又何從談到戰鬥能力，僥倖因偶然的機會，獲得了一兩次勝利，但以無紀律的部隊去作戰，最後必失敗，並且還要誤盡大事，貽誤大局。 二三六

我近年來默察我國軍隊的風氣，探本溯原，研究所以致壞之由，而後對症下藥，制定六大戒條，於三十七年元旦，向各受訓部隊宣佈，那六大戒條，就是戒賭、戒嫖、戒貪財、戒虛偽、戒驕惰、

戒擾民，說在另述之次，

○小戒賭——軍中習慣，發餉之後，最喜聚
○○賭，甚至舊時軍閥，都以富家賭為能事，殊不知
軍中賭博，最是破壞風紀，贏了的就花天酒
地，淫佚蕩志，也是違背軍風紀的事，輸了的，或
是無法償債，就開小差，一跑了之，或是偷扒搶
竊，無所不為，非嚴加禁戒，不足以整飭風紀，胡文
忠公說

○○○「兵，陰事也，以收斂固嗇為主，戰，勇氣也，以節
宣提倡為主，故治軍貴執法謹嚴，能訓能

(三三)

三二八

○○目

練、禁煙禁賭、戒遊樂、戒懶散」、

——參加治兵語錄第六章「嚴明」第一七三頁——

○○家們知道，在賭博場中，可以汩沒人性，普通所謂賭場不認父子，確是實情，家有了乳母丈夫死了，兒子好賭成性，一天賭輸了，無法償賭債，就將他的母親於半夜以手巾束縛着口腔，用小車子推去債權家賣了，後來大家知道了，才將他贖回來，試問賭輸了連生身母親都可陪且出賣，其他更不用談了。

〈2〉戒嫖——軍人離家遠戍，好嫖也是大弊，不獨妨害健康，傳染痲病，蕩逸心志，損失金錢，抑且大壞軍譽，記得有一次和美國顧問閒談，他說，在第二次世界大戰中，美國出錢，出力，出物資，出戰士，而結果，友邦各國人民對美軍印象並不特殊好，都覺得美國人，真做了一次大傻瓜，都說美國人對於第二次大戰的貢獻，各國毫無感激，但是美國兵到此處，有一次大壞處，就是喜歡亂頌女人，美國社交公開，男女關係看得平淡，但中國就不然了，所以一有強姦案件，物議譁然，因而惡感就發生了，不獨中國如此，就是英法

二三八

等國，因為大戰中，美國兵要去了多少英法女子，因此英法的青年，甚至為父母者，都對美國兵不生好感了，由此可見軍隊好嫖，最是壞事。我國從前以嫖賭煙為軍中三大害，現在抽大煙的想必沒有了，所以我只提出嫖賭二項，尤其大家是青春發育期中，身体要緊，切不可嫖壞身体，現在風氣敗壞，軍官多犯此戒，甚至階級越高梅毒越深，個人受害，子孫還要遺傳，又何樂而為此，我現在年近五十，自信身体還為三十許人，也就

二三六

得益於少年時的善自檢束，軍人以身体為第一本錢，又何能隨便的加以糟蹋。

〈3〉戒貪財——「人為財死，鳥為食亡」，多少精幹之人只為貪財一念，斷送了事業，犧牲了性命，真正有志氣有作為的人，一定踈財仗義，所謂「君子以財發身，小人以身發財」，如果財上分明，就能得人信仰，自然可以由此發達，卻也有些小人，不惜犧牲身体，不顧性命，去求取錢財，如妓女的屈身掙錢，固不足論，盜匪的携遭槍決，即是以身發財了，俗語說「求財恨不多，財多害於己」，又說「財聚則名散，財散則名

三三二

點，因為義利不並生，只欲求財，難免不義，自然名譽敗壞，甚至因此喪失性命，反受其害。從前岳武穆有言：「文官不愛錢，武官不怕死，則天下太平矣」。現在真是文官愛財又怕死，武官怕死又愛財了。記得我在緬甸作戰時有一樁血的教訓足資大家警惕。

「我軍初到緬甸，即有仁安羌之捷，解了英軍之圍，正計劃乘勝追攻，不料敵人已經迂迴到臘戌，完成兩大鉗形包圍，英軍及國軍奉令撤退，由我師殿後掩護，當時英軍撤走，真是要命不要錢，甚麼也丟掉了。只顧

逃了性命，但國軍部是要錢不要命，只
顧搜尋財物，全不想及環境的危險，因為
当时局勢緊張，当地老百姓与英軍等倉
皇避走，一切財物，均行棄置，店舖中保
險櫃等原封未動，國軍見了，如劉老老進
了大觀園，目迷神眩，除日將十字鎬、高剷
等，於保險櫃，搜集財物，本來[illegible][illegible]國軍待再
撤的有四五個師，都要集中在曼德勒[illegible][illegible]
撤到密支那集結，当时尚有火車可通，
汽車也還有幾百輛，足資運用，如果迅速

二三三

二三三

集中整理，利用火車運送，則結果尚可
整個作戰，可是他們只為貪財一念之差，
利用火車運物資，藉口部隊須休息數
日始可發動，是這樣一遲延就是十天，而敵人
未響一槍就已佔領了八莫及密支那，財物
歸路已絕，財物與部隊都無法撤出了，只
得改向北走，而那是高山密林，全無居民，[redacted]
然，他們翻越絕地，又逢雨季，於是他們餓
死，淹死，病死，被土人殺死，自殺死，不知其數，
以五萬之眾，歸者不過數千人而已，而此裡

財物金銀，與生命同歸烏有，第二次我們反
攻時，經過他們此行之地，真是白骨成堆，慘
不忍睹，而我師當時，嚴令只准攜帶糧彈，
其他一概拋棄，以減輕負擔，違者即予槍斃，
我每告部下說，現在貪財，將來說不定連
褲子也帶不走了，部下都能服從命令，結
○○○果雖是最後撤退，卻能全師而至印度，
○○由此可見貪財之害了，尤其是現在有些帶兵官
貪財截餉，吃缺扣薪，以致部下離心，到了戰場
上，一打就垮了。

二三四

二三四

○〈4〉戒虛偽——軍中虛偽欺詐，最是貽誤戎機，常害大局，必須以真誠為主，亦須實事求是，知己知彼，以爭取勝利，而目見現在上下欺蒙，互相欺騙，相習成風，以致詐偽叢生，無一是處，蔡松坡先生說：

○○○「吾國人心，斷送於偽」之一字，吾國人心之偽，足以斷送國家及其種族而有餘，上以偽臨下，下以偽事上，同輩以偽相交，馴至習慣於偽，只知偽之利，不知偽之害矣，人性本善，何樂於偽，惟以非偽不足以自存，不得

○○○

不趨於偽之一途。偽者，人固莫恥其為偽，誠者羣亦莫知其為誠，且轉相疑駭，於是由偽生疑，由疑生嫉，嫉心既起，則無數惡德，從之俱生，舉所謂倫常道德，皆可蹴去不顧。嗚呼，偽之為害烈矣。軍隊之為用，全恃萬眾一心，同袍無間，不容有絲毫芥蒂，此尤在有一誠字為之貫串，為之維繫，否則必一盤散沙，必將不戰自焚。社會以偽相尚，其禍伏而緩，軍隊以偽相尚，其禍彰而速，且烈。吾輩既是軍人，則將偽之一字，排斥

二三七

之不遺餘力，將此種[illegible]根，拔除盡淨，不使稍留萌蘗，乃可以言治兵，乃可以為將，乃可以帶兵，惟誠可以破天下之偽，惟實可以破天下之虛，李廣疑石為虎，射之沒羽，荊軻赴秦○○○長虹貫日，精誠之所致也」 二三五

見胡總長說保衛四年「誠實」第一八頁——

○○胡文忠公也說：

「軍旅之事，勝敗無常，總貴確實而戒虛擬。確實則準備周妥，虛飾則有誤調度，然治兵之最要關鍵也，粵逆倡亂以來，其將以

肆志猖獗者，實由廣西文武，粉飾捏報，冒功諱敗，以致蔓延，故有流毒至今莫能收拾」、

——見胡治兵語錄第四章「誠實」第二一頁——

治虛偽之法，惟在忠誠，只有存誠去偽，才可以將軍隊帶好，將軍事辦好。其實虛偽足以欺世於一時，而不能欺，歸於永久，古今中外真正做大事業的人，未有不是從誠拙兩字上做出來的，所以曾文正公說：

「君子之道，莫大乎以忠誠為天下倡，世之亂也，上下縱於亡等之欲，姦偽相吞，變詐相角，自圖其安而予人以至危，畏難避害，曾不肯捐絲粟

二三六

二三六

之力，以拯天下，得忠誠者起而矯之，克己而愛人，去偽而崇拙，躬履諸難，而不責人以同患，浩然捐生，如遠遊之還鄉，而無所顧悸，由是眾人效其所為，亦皆以苟活為羞，以避事為恥，嗚呼，吾鄉數君子所以鼓舞羣倫，歷九載而戡大亂，非拙且誠者之效歟」

——右摘治兵語錄第四章「誠實」第一二五頁——

(5) 戒驕惰

——將驕兵惰，必無戰鬥力量，結果必敗，因為「驕兵必敗」，古有明訓，將驕則輕敵，輕敵則虛浮，不務實際，此致敗之由。兵驕則自滿，

○○自滿就不求長進，也是必敗之道。惰而不勤，一切廢弛，全無朝氣，更談不上戰鬥力量了。現在常見一些將領，既無了不起的本領，也無足以稱道的功勳，徒以上峯稍見倚重，就驕矜自許，不務實際，細察其部隊，盡是虛浮偽飾，實則懈散廢弛，以之置於要衝，担負重任，自然有敗無疑了。惟有常存戒慎恐懼的心理，常持勤勉惟恐不足的態度，勤勞將事，謹慎處事，才是真能担大任負大責的人物。曾文正公說：

「用兵久則驕惰自生，驕惰則未有不敗者

二二二

二三七

節字所以醫因情，慎字所以醫因驕，二字之先，須有一誠字以立之本，立意要將此事知得透，辨得穿，精誠所至，金石為開，鬼神亦避，此在己之誠也，人之生也直，與武員之交接，尤貴乎直，文員之心，多曲多歪，多不坦白，往往與武員不相水乳，必盡去歪曲私衷，事事推心置腹，使武人粗人，坦然無疑，此接物之誠也，以誠為之本，以節字慎字為之用，庶幾免於大戾，免於大敗。」

——曾胡治兵語錄第四章「誠實」第九[redacted]頁——

所謂「誠」字，就是真真實實無一毫虛妄之意，只要能夠真真實無妄，則驕矜怠惰之心，他不至於產生，而謹慎必不勝，難題必不足的念頭，時常盤繞於方寸之內，自然而然的要去慎思以處事，節以從事了。

（6）戒擾民——軍隊原所以保國衛民，軍隊而不能保國衛民，就是軍閥的爪牙，私人的鷹犬了。況且軍自民生，穿上軍裝就是軍，脫下軍裝仍是民，軍民原是一體，尤以在剿匪時期，軍民步調必須一致，一般有近百萬的老百姓，一有幾千萬的人民，人民的力量，何等偉大，能得他們的幫助，

二三八

凡事容易成功，若果擾民，自絕於民，一定有敗無疑了。蔡松坡先生深知此理，所以說：

「古今名將用兵，莫不以安民愛民為本。蓋用兵原為安民，若擾之害之，是悖用兵之本旨也。兵之民之所出，餉亦出之自民，索本探源，何忍加以擾害。行師地方，仰給於民者，豈止一端，休養軍隊，採辦糧秣，徵發夫役，探訪敵情，帶引道路，何一非借重民力，若修怨於民，而招其反抗，是自困也。至於興師外國，亦不可以無端之禍亂，加之無辜之民，致上干天和，下招怨讟，仁師義旅，

○○○決不出此，此海陸戰條約所以嚴擄掠之禁也」

——見胡林翼治兵語錄第八章「仁愛」第二二三頁——

○○這是現在的軍隊，擾民者多，愛民者少，近年來稍為能戰的部隊，莫不是因為能愛民的緣故，從前馬鴻逵的部隊，有一次反攻到榆林，雖然天雨寒冷，不入民家，肚子餓了，不騷擾民人，寧肯殺掉馱載用的騾駝充飢，因此馬家軍就比較的能戰，至於中央的國軍呢，有些實在太不成話，從前河南有一種民謠，「不怕土匪來燒殺，只怕某部來駐紮」，就可以想像到那部部隊的紀律何如了，還有我

二三

的家鄉，有一支部隊，風紀很壞，共匪來了，人民就指引去打那部部隊，共匪卻不肯，反而說：「這是我們的宣傳隊，因為我們說國軍如何，大家不信，現有活榜樣在此，不正是為我們作宣傳嗎」由此可以想見那部隊的情形了，我記得在緬甸作戰時，有些友軍紀律很壞，於是緬人痛恨國軍入骨，少數軍人零星到鄉下，就要被緬甸農人以緬刀殺死，撤退時被殺掉的友軍更多，我師到了以後，極力愛護百姓，軍民融洽，所以第二次反攻時，緬甸人民給我們抬擔架，送糧秣，給他們的力量不

二三九

○○

少，還記得紅軍初到東北剿匪，老百姓見了真簌簌的滴眼淚，他們說：活了四五十歲，根本沒有見到過中央軍，現在可也見到了，我們盼望四平打長春時，要過遼河，四月裡的天氣，東北仍是很冷，老百姓自動把木柵門片等拆下搬來，給紅軍架橋，並且脫了衣服到水裡工作，而不要軍人下水，說是軍人辛苦了，應當休息，而且南邊人受不慣那寒冷，還是讓他們來做，官兵聽了感動得很，但沒來過東北的軍隊既多，紀律不好的也多，老百姓的熱情也冷淡了，聽說有些部隊開走

（一〇）

時，連民家女人的褲子也帶走了，其他可想而知，此
以老百姓不但不愛敬軍隊，而且是軍隊自不愛
民，人民的愛與憎，都是由軍隊自己的表現爲何
而定，此向二〇一師六〇三團開到福州，能守紀律
老百姓都免費請我軍去看電影，去洗澡，中央
同部隊的態度何等親熱，台灣初來接收之
時，台胞直可謂簞食壺漿以迎王師，及見國軍
上岸，窮形乞丐，恰與過去日本人惡意宣傳的情
形相合，於是就不歡迎了，接着强姦槍劫之事屢
出不窮，因而才引起二二八事變，後來青年軍

二四〇

到了，我們對於軍風紀特別加以整頓，台灣同胞的觀念才漸漸的轉好了，及至上海撤退以後，姦擄之事又起，官兵以現洋壓買壓賣，爭奪民房駐軍，將破屋拆作柴燒，領事館對面的牧師家裡，都被擄掠，於是台灣同胞對國軍的觀感又變差了，今後必須嚴飭軍紀，愛護人民，一定要使軍民情感如水乳交融。我們不得到台灣同胞的同情就沒有方法可以防衛台灣，這一點大家必須明白才是。

二〇一

(三十二)

第四節　軍隊統馭者戰時應有之條件

一、沈着勇敢。

在作戰的時候，一个統馭者，最緊要的，就是沉着勇敢，一切沉着應付，不慌不忙，以不變應萬變，只有能沉着的勇敢，才是真正勇敢，是真正能勇敢的將領，也必定沉着。因為在出發之前，就張皇失措，不能沉着，到了火線上，又何能應付瞬息萬變的戰鬥呢，還有一種，就是只知勇敢，不顧其他，也不能算是真正勇敢，如四川從前有一將領，(姓范的) ~~[illegible]~~，作

二四二

戰时不許臥倒，認為臥倒的不夠勇敢，這实是錯误，只能謂之愚蠢而已，真正勇敢者，是置死生於度外，以戰事為前提，未出發之前，沉着謹慎，既上了火綫，一切身先士卒，毫不慌張畏怯退縮。此所以曾文正公說：

「打仗不慌不忙，先求穩當，次求變化，辦事無聲無臭，既要精到，又要簡捷」

（見曾胡治兵語錄第一章「將材篇」二九頁）

此謂不慌不忙，求其穩當，就是沉着，其实戰場上勝敗之机，全操在部隊長手中，此所以胡文忠公說「非常戰

「有不可戰之將，無不戰之兵，有可勝不可敗之將，無必勝必不勝之兵。」

——見曾胡治兵語錄第十一章「兵機」第二八四頁——

我們無論做一件甚麼事，在未做之先，最不易沉着，譬如我們賽球，未出場之先，常是心裡衝動，小便多，又如演講，未上台之先，也常是心跳，面紅，其實一經鎮定，也就心安理得了，如果不能鎮定下來，就一切都糟了，我記得這一個這樣的故事。

「我在教導師當排長時，那是教導師第一次參戰，去打石友三，我們是編成一個混成旅

二〇三

其中有一个張團長，非常不沉着，聽到馬蹄聲音，就驚叫說「那兒響砲」！同書們寫油印，鋼筆觸動鋼版響音，他說，「聽，那兒的機關槍」！於是同伴們笑他，編成一个歌兒道，「馬蹄鐵蹄砲聲響，鋼筆寫字機關槍」，這真是一个大笑話。

他所以如此，是因為不勇敢，怕死，才如此的這樣慌張不沉着。還記得八一三上海作戰時，我團有一連長平日很好的，那一次出發，他忽然想家，哭臉，我知道了，就和營長說，這連長此次不沉着，須得注意，常去設教那一連作預備隊，及至到了火線，教他那一連去補充，他竟帶著一連人，毫不隱蔽挺胸伸腰的上去，明知那棟屋裡有敵人，他從頭門撞進，一下就被打死了，這是因為他不能沉著，所以亂撞，亦仿作戰，要如同須照打野外一般，一切從容不迫，按照計劃做去，其實並不忽略危險，試看勝仗死人少，敗仗死人多，就是明証，越是勇敢的，越不易打死，越是怕死的人，越易打死，此謂倖生不生，必死不死」，[redacted] 西諺有云「上帝是跟著最勇敢的人走」，也就是這個意思。還有是大家認為最不安的地方，說不定是最危險的地方，大家認為最

二〇〇

危險之處，反而不安，譬如抗戰時，南京撤退，大家擠向下關，結果下關死人最多，都以為下關過江就安全，殊不知人多無船可渡，反而成了最危險之地了，又如此次馬尾之戰，也有一個這樣的故事：

「馬尾戰役中，友軍兩團，調來參戰，因見情勢緊急，不肯下船，深恐上岸後，不易再撤退上船，及至我六〇三團奉令撤退，友軍不許我團上船，幾經交涉，才上了船，而他們都躲入艙中，我團在甲板上與兩岸匪軍，還在作戰，不料有一砲彈，適進入艙中爆炸了，友軍傷亡二百餘人，敵軍受傷的極少，還有一點砲彈，落在甲板上，尚未爆炸，遇着艦上的鐵鍊，阻擋那砲彈在甲板上不停的迴轉，轉到一兵士旁邊，那兵士不慌不忙，用槍桿將砲彈挑入海中，接着，那砲彈在海中爆炸了，船上倖免損傷。

由此可見，怕死躲在艙中，反而死了，不怕死而又能很沉着的將砲彈挑開，卻能倖生，所以軍隊從戎者在戰場上，一舉一動，一定要沉着勇敢，未做之前，能沉着，不慌不忙，臨事找機，既做後，能勇敢，身先士卒，絕不怕死，這樣部屬自然也跟着沉着勇敢，

二四五

了，否則部隊長未戰而慌，臨戰而怯，部卒也一定因而張皇退縮，所以說長官不沉着勇敢，就要影響士氣，影響鬥志，必是吃敗仗的象徵。

二、冷靜理智：

在戰事進行中，局勢千變萬化，必須有冷靜的頭腦去觀察，慎密的理智去分析，沉着的態度去應付，才足以勉赴事功，有時敵人故意想方法來刺激你，使你感情衝動，因而亂做，然後他好

二四七

乘其慌亂，以最大的壓力，來打擊你，使你無法應付。從前項羽與劉邦爭天下，項羽曾捉了劉邦的父親，來迫激劉邦，劉邦卻說，當日我倆同事義帝，興師伐秦，如同兄弟一般，那麼我的父親，也如同你的父親一般了，如果你一定要煮了你的父親吃，請你不要忘記了分一杯給我吃吃。（見史記）這雖然充分表示了劉邦的狡詐不情，卻也足見劉邦處事冷靜，後來項羽曾用婦人的衣服送給劉邦，譏笑劉邦的無勇，不敢出戰，劉邦仍是處之泰然，堅壁不出，一切都能涵忍，以冷靜的

二四六

態度應付之，結果乃得成功，所以軍隊在戰時，最重要的是能冷眼靜觀，逸以待勞，凡事經過理智的分析考慮，不容許有一點兒感情衝動，尤不可意氣用事。記得不久以前，劉戡在西北作戰，就有一樁這樣的事。

「那是一個比較寬敞的窪地，共匪在四方佈下重兵，裝成一個橢圓的袋形，劉戡將軍，向前攻擊，第一天因為輕敵，不曾詳細偵察地形，較前面的一旅攜長的通過窪地，土匪四面的伏兵皆起，就整個地吃掉了一旅人，這樣激怒了劉的軍，

二四六

於是集合全師，誓師報仇，卻不檢討過去失敗的原因，冷靜的分析當前的敵情與地形，理智的求一個妥善的方法，徒憑激昂慷慨，一氣沖牛斗，結果仍是原路前進，終於仍落攢進口袋中，以三旅之眾，卻是被解決完事。」

由此可見剛愎之人，易生忿怒，最易被別人以隱侮的方法玩弄而致敗。故孫子說

「忿速可侮」，

——孫子九變第八，武經第七五頁——

三國演義中關東戰的連營寨，就是說劉備

二〇二

張飛為關羽報仇心切，因而連營七百里，招致大敗。我們知道，帶兵作戰，是極危險的事，既不可粗魯發氣，更不可意氣用事，常見一些帶兵官，到作戰之時，大量飲酒，以為藉此可以提起精神，鼓起勇氣，殊不知酒是麻醉品，是刺激物，吃了最易生怒，使頭腦[illegible]不清醒，一味糊塗處事，藉酒發瘋，這不是自尋死路嗎。大家別以為美國海軍，最好飲酒，以為他們是以酒仗膽，以酒加力，其實他們艦上絕對禁止飲酒，只不過在時無事之秋，在岸上飲酒而已，還有些人在戰。

二四七

时之作，因為緊張過度，稍一不如意，就大發雷霆，也是不能冷靜所致。因為盛怒之下，理智不能克服感情，處置实易錯誤，同时部下因長官盛怒，一定張皇無措，不能沉着做事，沉着應戰了。所以在戰时，即使部下做錯了，弄糟了，也不能發氣，要冷靜理智，從無办法中想办法補救，大家不要以為某个人平时氣性頗躁，容易動怒，但在戰时，亦必定極力強忍，不使發怒，就是因為深知冷靜理智是作戰的重要条件，非如此不足以作戰。

二三八

三、考慮週到：

在作戰以前，一切要精密計劃，準備週到，要考慮得無微不至，最好能集合幕僚，共同研究，聽取各人的意見，以收集思廣益之效，然後由部隊長下定決心，決定辦法，一切既經決定，就要毫不猶豫的照着計劃去做，如果事先思考稍有疏忽，計劃錯誤，不但影響到作戰部隊遭遇的困難，甚至有遭受全部潰滅的危險，現在我可以舉出一个实例：

「在緬甸作戰时，盟軍指揮部要發動反攻，以配合開羅會議，那些當时一切準備還未充足，環境非常惡劣，但為了國際上的聲勢，已決定反攻，指定了新三十八師的一團担負這艱鉅的任務，其时总指揮史迪威將軍，不在營中，由参謀長柏特諾 A.L. Boatnor 代為指揮，而柏特諾其人，只在中國北方的軍隊中作情報员很久，學得了中國軍中的壞習慣，因其會說中國話，在中國很久，就被派為駐印軍参謀長，

二〇七

二四十

对於战争的指挥，极为不行，他当时指挥英师一团去作战，数十英哩以外之一役，要到达此役，须翻过野人山，尽是大山的原始森林，荒无人烟，即使飞机投弹也被森林遮没，不易见烟，敌们便就自己开始前进，（每日只走自十数华里，）并且由左翼包到右翼，有自七十英哩的正面，（约二百余华里）而敌一团人去作战，指定分三路前进，补给呢，根本谈不上，所以决定用中国的兵力，英国的装备，美国的武器，但临出发时，尚无水壶、窝高剧，後来借自挖煤的窝高剧，每个重五七八斤，因我追軍迅速，不許帶重兵器，迫擊砲只准帶六〇的，連八一迫擊砲都不准帶，而總指揮部距新陣地有二百英哩（五六百華里）情報不確，對當面的地形與敵情，全未改正清楚，據他說，此役僅有土兵三數百人由數日人指揮而已，所以他的命令，全不似戰鬥命令，好似教我周平安的去接防一般，其實當面的敵人，最少有二師隊以上，而且是敵人第一流勁旅之第十八師團，自上海而南京而廣州而新嘉坡而仰光真是所向無敵，同時他們佈署已久，利用了

二三

大樹林的掩護，似乎工事，大樹上架巢為置砲敵不易發現，又非常堅固，其他土堆土坑樣莽叢散集處，都佈有射擊手，我團行不半途，與敵人遭遇，敵人的迫擊砲，野砲，山砲，各種俱全，我團見敵人昇了氣球，知道敵人在指揮砲兵了，報告給柏特諾，他反而說，那是假的他是學砲兵的，知道重砲不能運進此地形中，從來的敵人使用的未爆炸的山野砲，指給他看，他才無詞以對，[redacted]當我團與敵人遭遇後，以地形

二五

分散，敵人强大森林障礙，火力不及等種種原因，打了兩星期無法進展，有二營被敵人包圍，其時我由重慶趕回營次，向他力爭，要求將本師~~駐在滇西南畢某~~增兵補械，他總說補不必，要求將本師駐在滇西南約百五十英里地的其他兩團趕上急救，他也說補給困難，不許趕上，被圍的部隊經過月餘的艱難苦鬥，因至彈水糧俱絕，吃芭蕉根度日，要求以飛機投送糧彈，他却常說氣候不好，飛機不能出飛，或是森林茂密，無法投送，他不但不設法去

二六一

二五一

的敘，反而錯告給開羅會議，說中國軍隊不能作戰，不敢肯前進作戰，當時我國出席會議的國都當然聽了非常難過，會後，王部夫婦經過緬甸，將此事問我，我將詳情報告主席，並說警的第一，他的命令，要於接防，好似不預備作戰，第二，作戰時兵力應當集結，不能分散，第三作戰時補給應要切實，俾能將部隊送到前線不要反，並且些次作戰後，無兵源補給，許勝不許敗了就全局損壞，無法反攻，總指揮部事先考慮的不週到，事後也不補救，此次進展不速實在不是本國的責任這樣，主席才明白此中实況，認為我沒有錯，昭日史迪威將軍之飛返總部，我和他互相爭辯至晚上十二時，還未清楚，最後我要求他同赴前綫視察，並准許我全師向後前綫集結，第二日視察的結果，他才明白实際情形，知道是柏特諾錯了，參謀長職務，也不要他負責了，於是協調那兩團向前綫集結，由新三十八師全部對敵人當鋒，与日本第十八師團，互相包圍，後來終於給我們爭得了勝利，完成了任務。

二二二

四、堅强的戰鬥意志：

一个優秀者，在作战时，要有自信心，有旺盛的企图性，要觉得非做到不可。同时要有敌愾心，觉得满腹仇恨，非从今天发洩不可，更要有必死的决心，不容稍有猶豫，以哀戚之容，作必死的打算，無稍顧忌退怯，自能戰必勝了。所以曾文正公說：

「兵者陰事也，哀戚之意，如臨親喪，肅敬之心，

二五二

如承大祭，於軍中不宜有歡欣之象，有歡欣之象者，無論或為和悅，或為驕盈，終歸於敗而已矣。田單之在即墨，將軍有必死之心，士卒無生還之氣，此所以破燕也。及其攻狄也，黃金橫帶，有生之樂，無死之心，魯仲連策其必不勝，兵事之宜慘戚，不宜歡欣，亦明矣」。

—以上摘自兵謀第十二章「兵機」第一四〇頁—

因為作戰，除了作戰物力及技術裝備以外，還需要一種精神力量，這種精神力量，足以左右其他力量，

二三三

這就是戰鬥意志了，不過這種戰鬥意志，要在平時養之有素，果能平日戰鬥意志非常旺盛，一旦登上戰場，直如出山之虎，奮勇前衝，無可遏止。我可以將我親身的經驗，告訴大家：

「自長沙成立緝私總隊，而遷貴州都勻，前後三年，成立了八個團（貴州六個，重慶二個）仍稱稅警總團，可是部隊剛剛訓練好，就有人想吃掉他，那時正值成立緝私署，戴笠先生作署長，就報告上面，說我部紀律壞，無訓練，無中心思想，應予整編，上面仍派戴先生來查辦，結果

二五三

派五十餘人之前來校閱，當時軍政部派校閱人員本有調劑的意味，但似是在部中待着久了，派下部隊去校閱，藉以彌補，所以校閱官到了部隊上，住的吃的，當然要好，就是兩千公尺的行程也得坐轎，閒時要派人陪着牌賭，所裡明輸暗送，總之還要副官給他們找女人，是這樣的校閱了兩個月，見操場野外，無可疵議，我只回去報告，但是一個莫須有的罪名，「無中心思想」，感覺日軍人的思想，只在於保國衛民，擁護政府服從命令，盡忠國家，盡忠領袖，真不知道別有甚麼中心里想，但是上面却以報告為準，決定改編，因為那時英國擬幫助中國組織游擊隊，成立游擊幹部訓練班，而無部隊可資改編，於是看中了了我訓練的那支部隊，因派李默庵來接受，恰巧這時，日軍在仰光登陸，緬甸需要部隊，開的去參了戰滇緬，而又別無部隊可調，這才想到我那些無中心思想的愛國人，上面因而問我，願不願意打仗，我說，練兵原在準備作戰，只可惜找不到作戰的機會又問部隊能不能作戰，我說自信還有幾成把握，這樣才將稅警團編為正規軍，與新二十八師

二五四

新三十九師合編成六十六軍，軍長張軫，新二十八師師長劉伯龍，新三十九師師長陳岡，都是由別動隊改編，新二十八師就是在馬廠坪掃掉承新兵連的那支部隊，並限令承只准帶三個團走，編成新三十八師，令開發，不許停留，一面走一面改編，用趙與仁與義每團才千二三百人要求由別團補足名額，亦復不准，其餘五團仍編入綏靖署，其實訓練是一樣的，可是編入綏靖署的，不久也就完了，走時與義見了軍長，在甘肅有一次談會中，軍長說，據承看，本軍以新二十八師戰力最強，新三十九師次之，要以新二十八師目前最弱，

二三三

我當時聽了，雖覺泄氣，當然不敢置辯，只留待將來用事實表現，接着軍政部成立西南各省校閱組，由校閱四十個師，本師先後校閱了四天，後來組長劉老先生作總講評，說，校閱了四十個師，合以新三十八師為最好，不獨技術好，動作確實，就以官兵的身體而論，個個面貌紅黑，如搽了脂胭一般，亦可知道他的戰鬥力必定很強，可惜我現在年紀老了，不用中了，不然我願意在這部隊中作一排長，我相信這部隊將來一定打勝仗，我部自成立以來，這還是第一次聽到獎勵，真是得了受寵若驚了

（其實，新卅八師到臘戍未戰即散，新卅九師在四川原報萬二千餘人，到前線一點數，不到兩千人而已）

二五五

接着，我們出國到了緬甸，駐在曼德勒，當時主席命令我們負起衛戍曼德勒的責任，主席並且告訴我們說，曼德勒很像南京，要我們好好防守，我們受此面命，認為很是光榮，當時曼德勒左翼是國軍第五軍，右翼是英國軍隊，不料英軍不爭氣，受了敵人壓迫後撤，而敵人又追逐得很快，結果英軍第一軍團第一師，約及萬人，被敵人兩聯隊約八千之眾，圍於仁安羌北面一山地上，另一聯隊，正在追逐英軍指揮所，於是英軍指揮官亞力山大，（現加拿大總督）

二三八

安求　主席前已派人援助。因此我至曼德勒佈置方有兩天，那晚上就奉到上面命令，故我派一團受第五軍指揮，派一團增援仁安羌，只受英軍指揮，自己帶一團守曼德勒，我認為這种五馬分屍的方法不能表現戰力，而且兵力散後，曼德勒一定無法守，此以十一時半接命令，十二時即趕至上級指揮官處報告，我說英軍萬人，受日軍八千之圍，今派一團人援救真能作戰者不足一千，又不受英人指揮，英人從來未曾指揮過中國軍隊，中國軍隊又

二五六

誰來受英人指揮，上下情意，必難貫通，作戰必無
表現，且英軍是敗兵之將，不足以言勇，如此處置，
結果此一團，必遭消滅，一旦前線挫敗，敵人乘勝
來攻曼德勒，我第一團人守曼德勒，亦必無功，甚
於坐以待斃，現擬自己前去指揮，力量必大，並
且我坐城待斃，亦非得計，兵法所謂與其戰於
城守，寧戰於郊，如果此次援部隊勝利，那麼守
城部隊也就高枕無憂了，我雖如此說，上面仍是
不准，我又向委員長詳為解說，那委員長竟說
你不知道麼，這一團只是送人情，以一萬人被圍，

二五七

一千人何能解救，我說：我作部隊長的，不能自看着部下去死，（誤是去）死也要同死，死馬也得作活馬用。又隔了幾時，請到六時，上面才說「好吧，你去吧，如果打了勝仗，你算首功」的意思，料定我必救無疑，當日晨八時，我就趕到前綫指揮所，英第一軍長史林姆（Slim）（現任英軍參謀總長）問我到了多少援軍，我說一團人，他顯了非常的喪氣，因英軍被圍已兩天，水也沒有喝，師長斯高特（Scott）來電話說準備投降，史林姆問我怎麼辦，我說：叫他們死守，告訴他中國援軍到了，一切忍

二五七

时，接着第二次電話又來，史林姆手顫心慌望着我說，「怎麼办」，我說「教他死守，中國軍隊快要攻來了」，那電話問，「中國軍隊甚麼时候到？」史林姆們只望着我，我說，「我沒有方法說定时間，但我保証，中國軍隊打到最後一人，連我也在內一定要將他們救出」，「真的嗎」「君子無戲言」「好吧」我們是君子協定」史林姆感動的眼睛望着我的手，本來我部官兵來时處處受欺时时恨氣早就想找一個戰機會，一顯身手，藉以一洩胸中憤慨不平之氣，所以此次出戰，人人奮勇个

二五八

个争先，士氣的旺盛，戰鬥意志的堅強，無以復加，真如怒馬奔騰，喊也喊不住，第一天順利的猛攻，瘋狂的前進，一氣就打到了拚牆河邊，接着就是多方擾亂，積極作渡河的準備，偵察地形等，絕未停留，敵人見我軍來勢兇猛，又我們冒稱為第二軍一軍人增援，此次從頭一天打到第二天下午，就已粉碎了敵人包圍，日軍後撤，英軍一師脫險，他們出圍後，抱着中國軍隊官兵接吻狂跳，豎起大姆指高呼「中國萬歲」「委員長萬歲」！「三十八師一一三團萬歲」！用和

二五九

由於上述這一事實，英國軍隊近萬，馬幾千匹，圍師團聯隊八千餘人，而我國一一三團劉放吾團長所部才千二百餘人，除伙伕雜兵外，真正能戰鬥的不過八百餘人，而能以少擊多，擊潰十倍於我之敵人，解救十倍於我之友軍，其成功原因就是士兵的戰鬥意志，與官長指揮官的決心而已。岳武穆以五百之眾，而能破金兀朮的拐子馬，其原因亦即在此，所以部隊要有氣度在戰場上發揮，這一戰使中國軍隊的國際地位提高了很多，所以是無上的光榮，而這是所受的訓練氣，也多因此而傳遍無餘了。

二三七

五、謹慎

軍隊作戰時，胆要大，心要細，即所謂衝鋒陷陣，要勇敢，要有魄力，但處置計劃，要謹慎，要細心，切不可粗魯疏忽，臨戰之際，應有戒慎恐懼之心，切忌粗心浮氣，否則必吃敗仗。胡文忠公說：

「軍旅之事，謹慎為先，戰陣之事，講習為上，蓋兵機至精，非虛心求教，不能領會，斷乎是己而非人，兵機至活，非隨時謹密，不能防人，斷乎粗心而大意」

——曹劉論兵說第十二章「兵機」第三〇一頁——

孫子也說

「昔之善戰者，先為不可勝，以待敵之可勝，不可勝在己，可勝在敵。」

——孫子軍形第四，武經第三〇頁——

這就是說，先要看作自己為不可勝之形勢，以對待敵人似可必勝之形勢，即是把自己儘量估量的很低，把敵人估量得很高，這就是十分謹慎之意，因為不可勝在己，就會多事防備，可勝在敵，就不會粗心輕敵，然後敵人稍有差錯，我自然能乘虛以攻了。古人說：諸葛亮一生行事，唯在謹慎而已。只有謹慎的軍，才可以立於不敗地位，如不謹慎驕浮輕進，一有差錯，必敗無疑了。孫子說：

「夫惟無慮而易於敵者，必擒於人。」

——孫子行軍第九，武經直解卷八七頁——

我記得我在緬甸作戰的于邦之役，正因為我謹慎，才得到勝利，否則不知要遭到如何的困難呢，現在我可以將當時情形告訴大家：

「自上次戰役，新三十八師担任反攻任務，（數經爭執，才准調集）全師與

日軍十八師團對敵（見第三章第四節、三項、改處週到）

此次的目的，在於拿下于邦，因為我軍自開始反攻，通過野人山，突入胡康河谷，中間經過雨季，進展困難，因此時業已作戰將及十個月，而史迪威將軍，性情急躁，時時催促，希望很快的進展，馬上攻佔于邦，我為的調動佈署，必須一定的時日，不可性急，否則欲速則不達，結果僨事，到一切預備好了，擬於翌日出擊，我為謹慎計，再到前綫視察一次，恰巧前綫哨兵打死一敵人排長，從他的身上搜得一張地圖，即敵人的防禦配備

二八一

圖，從那圖上發現我軍防攻部，正其防禦力量堅強處，但我仍再四研究那地圖的真假，發~~未決定~~，[redacted]因地圖係軍官身上搜出，而又劃有鉛筆線印甚多，斷定其不是假的，於是我們的進攻計劃必須變更，改攻其不防禦最弱之處，因為此次作戰，許勝不許敗，敗則後無補充，亦無去路，必致全軍覆沒，更將影響大局，故非謹慎萬全不能出擊，這樣爲了重加調配，又須延期一日，史迪威將軍雖極不高興，也只得允許，及至二月三日拂曉開始攻擊，下午五時，就決定了

二六一

勝負，一鼓而下于邦，並且傷亡極少，殲滅敵人極多，由此打壓了敵軍精銳的士氣，奠定了以後各戰役勝利的基礎，實為緬甸反攻勝利的轉捩點，史迪威將軍也覺得這是意外的的迅速，認為我的慎重處置是對的，說我是「切實際的軍人」="Practical Soldier"=

由此可見凡事謹慎，計慮周詳，絕不粗心，絕不浮躁，才是爭取勝利的要件。

二六二

六、臨機應變：

兵机之活，真是千變萬化，莫可端倪，惟在從敵者能在當場臨機應變，應敵而以致勝。胡文忠公說

「兵事决於臨机，而地勢審於平日。」

——見胡治兵語錄第十二章「兵机」第二八五頁——

也是說，兵事重在臨机應變，不可一定而成法可循。記得我在緬甸作戰時，曾經因為一封信，而派兵大襲，結果得到了勝利。

「緬甸反攻之戰，前半段最為艱苦，當時敵軍主力兩師，由新三十八師於側面山地，廖耀湘將軍向新

二六二

廿二师於正面，於卅三年十月開始反攻，前後兩月时间一鼓而下于邦，可是敵人的戰力仍是很強，真是寸土必爭，在孟關以北就費了一大段时间，前後八个月作戰未曾休息，直到卅三年五月半，尚未打下孟拱，被阻於卡盟附近，孟拱、卡盟密支那，成三角形式，互為犄角之勢，我不急速打下，接着就是雨季降臨，一个月可以降下四百英吋的雨，敵人就是想利用雨季，將我軍困死，因為雨下得多，交通阻塞，補給困難，加以疾病、潮濕、蚊虫螞蟥等等都足以困壞部隊，並且那时雖從國內調來五十师兩團，三十师一部份，十四师一部份，還有美軍一个團，对密支

二六三

那來一个奇襲，不料（側面來了盟軍）變成了陣地戰，[redacted]多个月來司令部下還無法支持，[redacted]（許以）敵永兵部，都成了膠着戰爭，無法進展，說來真有凑[redacted]巧，一日承部攻某一个山頭，從打死的敵軍（官）身上搜得一封信，那是日軍中盟守軍步兵指揮官即十八師團步兵團長（相田俊二少將）寫給那被打死的[redacted]十八師團補充兵大隊指揮官（野恒光）一大尉的信，信上說：「目前所進入第一線後方，妨害第一線補給之敵，僅60↓70人，本兵團長指揮貴官，東退此敵，並應先至拉瓦 LAWA 司令部，與本戚日往，但貴官前夜十時自卡盟出發，已翌日夕刻，尚未到達，部下貴官不及候本隊已先至第一線，而即率司令部人員卅名，趕至第一線，殆全出意外，貴官竟尚未到達，現究竟徬徨於何處，部下之疲勞，余自詳悉，晝間有敵機飛來，余亦盡知，然我於第一線全員之疲勞，且缺乏給養，尚須與敵死鬥思之，不必要之休息與晝間躲避空襲等，乃絕對不許可者，故須激勵部下，以最大之速度追及，倘判明貴官等不足之輔救

二八四

時，本我決心率領本部卅名突入敵陣中，

由於上述一信，經研究後，確定其真實，並判明兩點，第一是當面之敵，因為傷亡重大，兵力已全部用於第一線，第二是士氣消沉，甚為疲備，基於這種判斷，覺得可用一團奇兵去襲擊他的後方西邊，這就是乘虛而入，隨機應變的道理，於是將此意見貢獻給史迪威將軍，起初他說，那太危險，恐怕會白白地送掉一團，後來見我申說此舉的意義，非常重大，也就同意了，要我限定時間，我說最少要六天，他說三天何如，我按地圖計算，須備行三百里，況又是懸崖絶壁，非六天不可。不料那伴柏特諾，正在旁邊，他說可以派一個人從西邊去，三天可以到，因為從泰國內地新來了幾個人，他認為是新生力量，預備從中間挑選一個，再由美方自認為久經森林戰訓練者百餘人引路，所以他敢於自告奮勇的這樣說。我說，我走東邊，你走西邊，兩相包圍，而你又能早到，那不更好嗎。結果史迪威的軍也預先許了我六天的期限，於是我回部後就將這艱苦的任務，交給我師一一二團，因為他們對我很信任，所以欣然接受，[illegible]毫不疑懼，但以這是大事

一二三

兵偷襲，完為鄧艾的偷渡陰平，所走的盡是懸崖絕壁，人跡罕到之處，有時還要利用各種地形地物，從敵人封鎖線的間隙中通過去，至於騾馬等及重兵器，自然不能攜帶，就是宿營或休息，還不准燒火燒飯，以免被敵人發覺，只許在掩蔽物週密的情況下，燒些開水罷了。每人帶了四日份的乾糧，限令分作六日吃，因為多了帶不動，只得使用節食的方法。二十一日開始行動，二十二日就下大雨，接着一連四天不停，廿五日晚到了孟拱河邊，那是孟拱河的上游，又係南高江、河西原只五六百公尺寬，但因四天大雨，河水大漲，已淹至甲一兩千公尺，營長陳鳴人將情形電告，我就指問他渡處是否被敵人發現，他說未被發現，於是我指示他們，限於拂曉前設法渡河，如萬無法可渡，即行退回，以免犧牲，因為他們平日受過了渡河訓練，知道利用身邊裝備為救生膠布、鋼盔、水壺、乾糧袋等，游泅渡河，當時還利用河岸竹子造了竹筏，所以半夜後來電說準備渡江，到早上五點鐘來電說是業已全部平安渡江，我於是命令他們速向公路方面攻擊截斷公路，因為那兒是日軍的重要補給站，須得速為佔領，遲恐誤事。當我軍攻進去之時，敵人營房中煮熟的飯還未熟，營妓還未起床，及至見到我們的部隊，還以為是空中降落傘兵到了，趕着打空襲警報鐘，我軍當即佔領了據點，於是敵人也四面圍攻，槍砲皆迴轟，想一鼓殲滅盡淨，早上我提着去見史迪威將軍，要求空投糧彈，史還不相信，但派小飛機偵察，果然已在激烈戰鬥，即當迅速補給，此時恰巧柏特諾也在旁邊，我問他的奇襲部隊到了那裡，史迪盛生聞言，氣得面紅耳赤，連說：「不要說起，他們回來了」，我說：「有如此的快嗎？」然後史迪威的軍告訴我，他們在森林中轉了三天，不知方向，無法前進，只得叔他們回來，誰知半天就走回來了，同時我就命令一一四團攻孟拱，我也帶了另一團從空降中疾進南下，兩天即占孟拱，到時，敵兵尚在採買，不知我軍已到，先後花了十一天拿下孟拱，上下盟再會師密支那，全盤戰局因而改觀。

所以用兵有三種，就是正兵、奇兵、伏兵，正兵在提走敵人，伏兵是暗藏截擊，奇兵是繞道包圍，突應當如何使用，就在乎從戰者的隨機應變了。

七、老到堅定：

所謂老到堅定，就是一切要有準備，首尾都應當顧慮週詳，關於攻擊某一地方，事先當能要嚴密計劃，以期求得必勝之道，但若一攻擊不勝，又將如何退出此地方，從戰者應當想到，不能顧頭不顧尾，一遇挫敗，甚至全軍覆沒。我們要是到了萬分無法可設之時，而我卻還有最後一著。[illegible]

三六七

所以說，作戰最忌「勢窮力竭」，要假設萬一失敗，我們是有辦法，這樣就能做到不敗的地位，曾文正公說「……用兵之道，最忌「勢窮力弱」四字，力則指將士之精力而言，勢則指大局大計，及糧餉之接濟，人才之繼否言之」

——曾胡治兵語錄第十一章「兵機」第二八〇頁

曾公固然是從大局而言，所以「勢」只指人才財力，但就小局而言，勢窮力弱，一樣是無可為戰，有敗無疑，我們試看近來多戰場上的全軍覆沒之事，全在「勢窮力竭」，事先不為作個退步之打算，我們知道軍隊之事，不可存此意

二二一

稍鬆些，以為敵人不會怎樣做，堅守道路險峻，以為
敵人不會從此處來，誰知卻恰巧從此處來，或
大風雨之夜，以為敵人不會此時來，有時卻正是此
時來，常常安全，以為絕對安然，有時卻備生事
驕兵輕敵而致敗，錯估強弱，以為寡不足當十萬，有
時卻因激怒而決戰，急躁冒進，有時強大而戰，都要常
十萬，以求速戰，以致持久不下，致敗之道，常是不經
意處失算，出乎意料之外的突變，如作戰之
時，雙方都想從敵人最狠雖最危險最痛苦之
處下手，越是危險，越是艱難，越要注意，這就

二六八

是老到之意，所以吳子說：

「凡料敵有不卜而與之戰者八，一曰疾風大寒，早興寤遷，剖冰濟水，不憚艱難」

——吳子，料敵第二 武經直解第一五五頁——

書直衛軍作戰，務條由此可見冰雪風雨，雖於攻擊之時，從古兵家，就認為是最好攻擊的機會，然自兵者萬全，從能十分謹慎，仍有不能謹慎處，所以凡事都得是作退步想，才是老到之見。胡文忠公說：

「兵事無萬全，求萬全者無一全，處處謹慎，處處不能謹慎，歷觀古今戰事，如劉季、光武、唐太宗、

二六七

二十六

魏武帝，揚日戰於危甚隱天也，不當怕而怕，
必有當怕而不怕者矣」
〔六部總兵理要第五章「勇敢」節一三八頁〕

又
作戰之時，有時要先人一著，以爭取優勢，有時要後人一著，以作最後回掙扎，凡屬運用兵機，諸事須深謀遠慮，高人一著，即曰是老到堅定了，胡文忠公說：
「兵事有須先一著者，如險要之地，以兵扼之，先發制人，此為扼吭之計，必勝之道也。有須後一著者，愈持久，愈神妙，愈老到，愈堅定，待敵變計，乃起而乘之，此之為奇兵，而於其

背，必勝之道也」、

——見胡著兵經見第十一章「兵機」第二九七頁——

孫子也說：

「凡先處戰地而待敵者佚，後處戰地而趨戰者勞」、

——孫子．虛實第六武經直解第四三頁——

這也就是說，先人一着，取得優勢，就能以逸待勞了。胡文忠又說

「先安排，以待敵之求戰，然後起而應之，乃必勝之道」

蓋敵求戰，而我以靜制動，以逸待勞，以整御

故，必勝之道也，此言不可拘執，未必全無可採」

一二二

二六〇

—曾胡治兵語錄第十一章「兵機」第二八七頁—

至於攻人者，就是要堅定不拔，有持久精神，你、我爭來就是持久精神的競賽，誰能堅持到底，誰就得到勝利，誰能忍耐到最後五分鐘，誰就得到最後的勝利。左傳曹劌論戰有云

「夫戰勇氣也，一鼓作氣，再而衰，三而竭，彼竭我盈，故克之」

—見左傳莊公十年—

所謂不衰不竭，就是要堅定之意，胡文忠公也說

「僥倖以圖難成之功，不如堅忍而規遠大之策」、

—曾胡治兵語錄第五章「勇毅」第一三八頁—

此理是忍而不僥倖，也就是靜以待變老所說之意了。

八、識大體，顧大局：

作戰應以大局為重，必須大局勝利，縱使小部份才可以得到真正的勝利，否則大局不利，小處雖有積極的戰績，仍於大局無補，此種勝利，有等於無。只要於大局有利，就是小處犧牲，仍是有極高的代價，等於是極光榮的勝利，所以軍隊從長官，必定要有此見解，有認識，平日作戰行事，都能以大局為前提，毫無個人及小團體的私見，存乎其間，用心於此，表現也於此，才稱得是識

二〇一

二七六

大體顧大局的將領、在我戰爭之時、各的領袖如果都有了識大體顧大局的見解、自然能夠互相支援、互相救護、憂戚相關、榮辱一體、這樣整個大局、也就有勝無疑了、胡文忠公說：

「大凡以救大局為主、並以救他人為主、須有嘉善而矜不能之氣度、乃可包容一切、覺得勝仗無可驕人、敗仗無可尤人、即他人不肯救援、而我必當救人。」

——見胡潤芝語錄第八章「仁愛」第二一三頁——

曾文正公說：

「湘軍之所以無敵者，全賴彼此相救，雖平日積怨深仇，臨陣仍能彼此相救，雖上午口角參商，下午仍彼此救援。」

——見胡文忠公全集第十三卷「致和軒」第二五六頁——

胡文忠公說：「他人不肯救我，而我必當救人。」態度何等光明，用心何等正大，軍隊紀律必須有如此氣度，如此襟懷，~~事必表現~~，才是真正能識大體顧大局的軍隊，才是真能作大事成大業的偉人。今之所謂「平日積怨深仇，臨陣仍能彼此相救」，其

二二二

表現又何等的偉大，真是公忠體國，有大我而無私見了。湘軍之所以能戡平匪亂，中興清室，實亦不是偶然之事，因為行軍作戰之際，將領之間自不免於私怨小嫌，而於臨陣之時，最能捐棄私嫌，顧全大局，可是現在國軍在戰場上最大的毛病，就是不肯互相支援，看著別人吃緊不救，而其結果，就中了土匪各個擊破的計策，最後仍是同歸於盡，其所以不肯救援的原因，一種是想避免犧牲，保全實力，讓別人去打，自己總想以為躲過保全，殊不知結果未必能夠保全，而是

二六三

苟且僥倖的心理在作祟，同時也是軍閥思想在作祟，以為留得部隊，就有勢力，也就自然有官位了。一種是讓別人打在先頭，藉以消耗敵人的實力，然後就可以減少自己的負担，一種是與別有私仇嫌隙，希望藉敵人的砲火，消滅自己的仇人，一種是嫉忌某部隊的能耐，名聲在自己部隊之上，希望看着別人塌台，以一快自己狹隘的心境，凡此種種，都是私心害了大事，不能從大處着眼因而不識大体，所以不顧大局，胡文忠公說：

「為大將之道，以肯救人顧大局為主，不宜炫

二一三

二十三

「揚己之長處，尤不宜指摘人之短處」

—見曾胡治兵語錄第十二章「和輯」第二五九頁—

不炫己長，不揭人短，即是孔子忠恕之道，此謂嚴於責己，寬於責人，自然不會功盡在己，過盡在人了。總之戰陣之事，應以大局為重，一切要識大體顧大局，深明友軍如同手足，唇齒相因，痛癢相連。此謂唇亡齒寒，人亡則己及，去匪正使用著各個擊破的毒辣計策，我們惟有同心協力，互相救援，共保大局。此謂救人即所以救己，如見友軍有何危難，即不若奉到命令，也應趕往救援，如果奉令而不往救，更是罪無可逭了。

二二〇

二六四

第五節　軍隊統馭者戰場應注意事項

一、注意部下疲勞：

士氣的盛衰，戰力的強弱，是以士兵的身体、精力、精神為基礎，身体好、精力強，精神振作，自然能戰克捷，但体力精神，不是使用不竭的，過於勞碌，就會疲倦，体力就竭，精神就衰，戰力自然減退，軍隊統馭者在戰場上，第一要注意的，是部下的疲勞，疲勞過度，一定減少戰鬥力量，疲勞過度，不待敵人來攻，自己就先必敗了，將部卒運用得過於疲勞等

二二八

於[redacted]是代替敵人前來向自己攻擊了，所以假敵者
在戰場上要時時緊記，儘量減少部下的疲勞，
這不是姑息，而是蓄銳待敵，留以爭取更大
的效果。譬如部隊出發，何時起床，何時集合，
處處應精[redacted]密考慮計[redacted]算，不可使部下虛耗
精力。常見有些部隊，師部規定上午六時集合，
旅部為要事先準備，提前為五時半，依次下
推，團部為五時，營部為四時半，連部為四時排
上則甚至教部下三時就起床了，是這樣半
夜鬧天光，体力精神，一定疲憊，又何能行

二六五

軍作戰呢？
且別作戰本為勞苦之事，既經疲勞，就要想方
法使之恢復疲勞，如抓空休息，應使之能得安
靜的睡眠，如行軍时足掌起泡，應想方法
為之醫治，飲水乾糧，應設法按时補給，攻勢太
久，應有預備隊去補充与替換，凡此種種，不要
以為是小事，其實有損於戰鬥力量，總之，運用之
際，儘量減少部下的疲勞，既經疲勞，就儘量
設法使之恢復戰力，這樣自然部隊非常強勁了。

二三八

二、注意衛生：

軍人本來是以吃苦耐勞為其本分，戰場生活，從來是十分艱苦的，但一个從戰者，不要以為吃苦是其本分，就儘量讓他吃苦，卻也要從每方中去想辦法，注意衛生保養體力，減少疾病，使每个戰士體健神旺，殺氣騰騰，這才是勝利之師，因為在戰場上，飢不得食，渴不得飲，寒不得衣，夜不得寢，縱然是鋼筋鐵骨，也經不起幾許熬煎，何況疫癘傳染，風霜雨露潮濕，都是戰場上常見之事，最易使人生病，最易使人困頓，舉凡飲食生熟，乾糧好壞，飲水髒淨，衣服多寡，防務遞換，疾病診療，傷亡埋葬等，統馭者都應特為注意關心，能減少一分疾病，即增加一分士氣，能減少一分困頓，即增加一分戰力，不要以為在戰場之上，還管這些嗎，要知道越是在戰場上，越要對於這些事想加倍。無論那一次戰役，真正作戰傷亡的數字，不及疾病而死的數字多，病死的常超過戰死的三四倍，如我在江西剿匪進，一團人經定地區，而友軍一師人常只有一

二一六

二百健康的，甚得非死即病（見第三章第三節第三項）及緬甸作戰時，盟軍在原始森林中作戰，多數生病，都（見第三章第三節第五項）都是因為他們不注意衛生所致，平時衛生已屬不易講求，而戰場上的衛生，更屬難於設法，但凭驗兵能從無法中，注意設法，知部下的健康，自然與別的部隊不同，而作戰能力也會超人一等了。

三、注意士氣：

部隊出發時，要感到有一種勝利的把握，覺得接受了此次任務，感到非常光榮，部隊長要隨時隨地，注意大家的心理，要保持這種具勝利信心無稍畏怯的心理，却又不是驕盈輕敵，即是設要使部隊沒有一種倒霉的氣氛，為要使部隊有勝利信心，且具有蓬勃氣象，就要使他們認清敵人，認清任務，使人人有同仇敵愾之心志，個個有滅此朝食之氣概，然後就能勇往直前，而無稍顧慮退縮。[redacted]猶憶一首這種旺盛的士氣，就足以摧毀敵人而有餘，此即所謂團結之氣，勇壯之氣，肅殺之氣，光榮之氣。但這種士氣的養成，由於平時的工夫要深，臨到戰場上，只須三數語激發，即能鼓動上下勇氣百倍。記得在緬甸作戰時，日軍以兩個聯隊近八千之眾在仁安羌附近，包圍英軍一師數近萬人，我帶了一一三團一團，連伙伕雜兵才千餘人，真能作戰者不過八九百人，不到兩天就把敵人擊潰，把英軍救出（見第三章第四節第四項）。其原因就是團為我團士氣旺盛，个个有必勝的信心，由此可見只要今日肯下工夫，訓練有素，到了戰場上，士卒自然激勵奮發，表現奇蹟了。但是，兵由將轉，統馭要到了戰場上，先要自己有必勝的決心，奮發的朝氣，無稍畏怯，同時慰問傷病，注意疲勞，對部下愛護週至，使上下一心，萬眾共信，然後統馭者登高一呼，自然部下如萬山響應，个个士氣旺盛，而所向無敵了。

四、命令要單純：

無論單位的大小，或是口頭命令，或是文字命令，給他的任務一定要單純，教他攻何處，就是何處，教他守一據點，就只守那一據點，不要在一個命令，在一個命令，繁複雜，教他無所適從，反而不易達成任務，在平時，也發生懷疑還有請示解釋的時候，在戰場上，勝仗決於俄頃，生死繫於一髮，絕無請示與行解釋的餘地，所以命令一定要十分單純，記住要直捷了當，文字要簡單明白，使部下聽了看了，任務顯然，無從誤會，無從推諉，尤其在一般带兵官喜給部下以第一條路，第二條路，甚至到第三條路，是最是壞事，因為條路既多，有時對於最重要的第一條路，他未必達成，而次要的條路，他卻做了。這樣輕重倒置，緩急乖錯，真會誤事不小，所以我們的命令，以條路愈簡單愈好，語言文字愈明白愈好，此訓明白，不是囉嗦，而是簡潔明瞭，使部下一聽或一看便知，語言文字太長，有時當緊張過度之際，他聽了一半，忘了一半，看了一半，隨意了一半，同樣的可以把輕重倒置緩急乖錯的毛病，而貽誤大事，這一點，大家必須

明瞭才是特別加以注意、

五、使部下有信心：

在戰場上、最重要的是三信心堅定、所謂三信心：就是信仰上官、信任部下、而又能自信，從而信仰上官，要先從平時的事實上，部隊長以身實表現，才能部下對你有信心，這種信心在戰場上的影響很大，因為戰場任務，都是出生入死、殺仁取義的行動，如果部下不相信

長官，而長官倍以親若信賴，他會覺得是長官
相信他的能力，才教他去做，引為無上光榮，如果是
不相信長官，那他可能認為是借端陷滅他，即
此即借刀殺人，因而引起不可思及的反感，至於
信任部下，亦屬必要，部隊長對屬下，不能先存疑
忌之心，一切要緊之以誠，才可以感召部下，許以先
安家能信任部下，然後才可以爭取部下的信
仰愛，至於部下的有自信心，這就在乎平時技
術訓練的程度為何，果能訓練有素，學術兩
科自信以應敵而有餘，則在戰場之上，自然能

看作打野外一般，從容不迫，沉着應付，無稍畏懼退縮之心，此謂「藝高人膽大」，就是這個道理。如果平日訓練不夠，沒有充足的射擊經驗與演習（作戰）經驗，陡然走上戰場，直如烏合之衆，不教而戰，他又何從相信自己，自信不疑，未戰先餒，當然有敗無疑了。總而言之，戰場之上，要使部下先有充分的自信心，相信自己的技術高人一等，因而相信自己這支部隊一定會打勝仗，同時又非常的信賴部隊長，並且相信部隊也十分的信信他，這樣，信心既堅，團結必固，士氣必盛，而戰鬥能力必强，自然有勝無敗，所向無敵了。

六十二

結語

統馭學的範圍，本來非常廣泛，不是這些鐘點所能講完，同時統馭學的意義，非常重要，每個帶兵官，都應去細心研究，要知道，做一個好的統馭者，不是容易的，一定要通達學問、精神、技術，都能超人一等，即必須以人格領導人格，以學問知識領導學識，以精神領導精神，以技術領導技術，而又能習勞耐苦，以義勇忠誠，不斷學習，日求進步，才足以應付現代的戰爭，我深深地感覺到現在各部隊的幹部，多趕不上時代，這實

二八三

在是非常危險的，因為各級幹部，多已墮入貪污、腐化、自私、封建、驕惰、敷衍苟且惡習之中，而尚不自覺，也就是說，國家危急到了現在，卻還有人不能覺悟，以圖奮發，因此才招致目前的種種挫敗，其實我軍之所以挫敗，並不是兵不行，而大半是官不行，所謂「無不可戰之兵，有不可戰之將」，兵隨將轉，果真將好，則良將手下無弱兵了。我此次將本身的各種閱歷，不惜繁贅的告訴大家，也是願以個人的實在經驗，毫不修飾的給大家作參考，希望有助於大家的帶兵。

我們知道，說話是對人的事，而對人卻是最不容易的事，我們無論文武官員，常常感到不是事難做，而是人難應付，我們一切事的不能進步，就由于壞在這毛病上，現在我們說謙的，無論或多或少，或深或淺，總希望大家能反身作力行，一定可以收回一些成效，我們要有做事的決心，不怕任何困難，要打落牙齒向肚內吞一切都能隱忍，我個人做事以來，所受的种々困難，挫折，我都是以隱忍而守克服過去，所以也希望大家能忍苦奮鬥，必可渡過任何難關。

現在共匪披猖，中原陸沉，國家民族危如累卵，

二七二

全國人民，都在水深火熱之中，痛苦難言，我們一定要大發宏願，擔負起救國家、救民族、救人民的責任，因為共匪是國家民族的罪人，是強權暴虐的集團，是蘇聯的第五縱隊，他要把整個國家民族，送給蘇聯，做蘇聯的乾兒子，喊大鼻子做爸爸，他要把全國四萬萬五千萬的同胞，送給蘇聯做奴隸，要把我國五千年中國固有的道德文化、人倫制度，毀滅盡淨，他們要重寫中國數千年的歷史，改變一切制度，將中國一切本性，使其改變本質，凡以十五歲以上的人民，他都要搜之地設法剷除，然後新生人民，由他重新教育以

二八四

期徵辰的赤化毒化，從前蘇聯革命，[blot]後餓死的就有五六百萬人，他只是以毁滅人民為消除舊有的方法，所以現在共匪他就處採用人海戰術，拿人民參軍，和百姓的人民，跑走在前面，擋砲子，作砲灰，他們共黨祖宗傳下來的一貫策略，就是輕視人命，殺戮人民，像這樣●殘酷慘忍的逆黨，還能成功嗎？而只是現在美英等國，醉心於科學戰爭，醉心於原子戰術，想以科學補足人力，忽略了空間與人民的爭取，因此讓蘇聯及赤色帝國主義者的走狗，發展了空間的爭奪了人民，方能以此暢所欲為的使用殺人政策，想以

二八三

屠殺的恐怖，去奪取無產階級的獨裁，來包羅首
史大林個人的獨裁。共產主義者是要以無產階級，
消滅其他階級，我們知道，三民主義是提倡各階
級的平等，是提倡全民政治，是求得全民的自由，
最後達於世界大同的樂境，這是總理數十
年革命的理想，是最適合中國國情，救中國
的法寶，是我們國民革命的準繩，是我們一切
行動的指針，在這種全民政治社會中，個個自
由，法律上人人平等，而共產主義絕不民主，全
是獨裁，無產階級專制，所以有人說，蘇俄的民主政治

三八五

社會中，雖然存在有資本主義，有些人貧窮，但還有要飯的自由。而共產主義的社會中，如現在的蘇聯及其附庸國中，人民除了作奴隸以外，連要飯的自由也沒有了，還能談到其他嗎？不自由毋寧死，是而可忍，孰不可忍，我們必須要打倒殘暴這種不自由獨裁專制的赤色帝國主義者！

赤色帝國主義者蘇聯，[redacted]主張不要國家，不要民族，說「工人無祖國」，但他只要其他的國家人民，忘記了國家，忘記了民族，做他的奴隸，而他自己，仍是有國家民族觀念的，第二次世界大戰時，他曾號召以蘇聯國民起而

二八六

保衛祖國,所以我們此次,如讓共產黨得以勝利,讓赤色帝國主義者得手,那不只是亡了國滅了種,永久成為蘇俄的奴隸,萬劫而不復,像現在的猶太人,雖然有的是聰明,有的是財力,卻以無祖國,處處受欺,那是何等的可憐,那就是共匪得了中國後,中國人民的好榜樣啊!

因為共匪是殘暴不仁,違反我國傳統的道德、習慣、制度、倫常,同時全世界愛好自由民主的國家與人民,對之共同指棄,現在全世界民主自由國家與人民,正在團結起來,共同消滅赤色帝國主義者，所以絕對可以斷定，帝國主義者必歸失敗，中國共匪必歸失敗，而自由平等的全民政治的三民主義，一定成功，但我們要把握時機，不然，自由就隨必成功，但未必成功在我們手裏。現在大家都是青年官佐，有着蓬勃的朝氣，奮發的熱情，遠大的抱負，能發揮偉大的力量，現在剿匪復興軍建國的責任，已經加到我們大家身上，這責任是非常艱鉅的，但也是非常光榮的，希望大家當仁不讓，共同奮起，雖然目前軍事上稍有挫折，必須不灰心，不悲觀，不動搖，堅毅勇敢，在最高領袖前後裁領導之下，艱苦奮鬥，百折不回，以救國家救民族救人民為職志，完成戡亂建國的任務，爭取國家的獨立，民族的生存，人民的自由幸福，為千秋萬世的子子孫孫，建立自由幸福，獨立，安定，和平，快樂的基礎！

—完—

臺灣防衛的戰略戰術

孫立人將軍民國四十年在圓山軍官團講

今天本人提出防衛臺灣的戰術戰略問題，來與諸位共同研究。諸位都是部隊長，對臺灣防衛負有實際責任，想必對於防衛臺灣的戰術戰略有充分的研究與了解；尤其重要的，是我們全軍上下必須有統一的戰術戰略思想，然後精神始能貫澈，步驟始能一致。孫子兵法說：「上下同欲者勝」，同欲就是指戰術思想的統一，要是各有各的戰法，各有各的想法，絕不會達到共同保衛臺灣的目的。

自從去年九月起，本人奉命擔負防衛臺灣的責任，就開始着手防衛的佈署與戰術戰略的研究，過去我們一向是在大陸上作戰。對於島嶼防禦的戰略戰術，完全沒有經驗。可是我們可以拿別人的經驗當作自己的經驗，拿破崙就說過：「最聰明的人，是拿別人的經驗當作自己的經驗，只有最愚笨的人，方才拿自己的經驗當作是經驗。」尤其是打仗，是無法試驗的。一個戰役之後，甚至連我們的生命都會喪失，那裡能夠獲取經驗，重新作戰。所以現在來談臺灣防衛的戰術戰略，還有很多地方需要我們從頭學習和澈底研究。在第二次世界大戰中，有關於海島的戰例很多，如英倫三島的防禦，以及美軍在太平洋各島嶼的作戰，都值得我們研究學習。我們便是根據這些研究結果與實地情況的需要，來對於臺灣防衞作萬全的佈署。可是從大陸來到台灣的各部隊却有許多人持不同的意見與看法。我們爲求溝通上下意志，統一全軍戰術思想，曾經扼要地寫成一個簡單的作戰教令，印發各部隊，研究實施。現在我把其中最重要一段唸給大家聽：

「共軍在赤俄嗾使下進犯臺灣，爲旦夕間事，我全軍上下，應深知臺灣保衞戰，乃國家存亡民族死生之戰，務須忠勇奮發，以必死決心，爭取必勝，然「勝兵先勝，而後求戰」，故指導方針之貫澈，戰術思想之統一，與夫戰法之確定，準備之週到，實爲先勝之必要條件，茲擇要條擧於後，仰各級指揮官，悉心研究，切實遵行。」

第一關於作戰指導方面：

「海島之海岸防禦，應以絕對的攻擊手段及澈底的積極行動，以擊滅敵人於海岸前爲最高原則，故應堅強防守沿線各要點，主依火力與堅強工事，及海空軍之協力，以求殲滅敵人於水際。但對登陸或滲透之敵，則依海岸永久工事及縱深據點陣地之拘束阻擊，並配合機動部隊之適時集中轉用，澈底擊滅敵人於預想地區，各級部隊長本此方針，統一全軍戰術思想，並盡所有手段，以佈署兵力，指導戰鬥。」

對於上列的作戰指導，我希望作一個概略的說明：臺灣海峽是敵人進犯臺灣最大的障礙，也是防衞臺灣最有力的屏障，我們應該充分利用這個優點，堅強防守海岸，以期殲滅來犯共軍於水際。但臺灣的海岸線太長了，在這樣漫長的海岸線上，要想處處拒止共軍登陸，那是非常困難的，但是共軍在甚麼地方登陸，我們不能不知道，並且要在他們登陸未穩的時候，予以迎頭痛擊。所以我們在第一線沿海重要地帶，除了構築堅強的鋼骨水泥工事以外，同時還加上鐵絲和木柵等副防禦工事，現已全部完成，這是第一線沿海防禦工事，也是我們的封鎖線。工事構築特別堅強，目的在節省兵力加強火力，使第一線部隊在敵人登陸後能以固守海岸。第二線工事，是就過去日本軍所遺留下來的工事，加上縱深的配備，其目的在將登陸後的共軍加以阻斷，不使其蔓延，這一項工事所需要的材料較少，在六月初已先後完成。第三線工事就是分段構築據點工事，這一線多半是野戰工事配合永久工事，目的在求能使機動部隊發揮其效能。總之，三線工事的構築不是割裂的，而是求其相互配合，是由小據點構成大據點，然後由據點連成線，形成面，成爲一個防禦整體。

在我們防禦工事構築之初，有人認爲祇要把日軍遺留下的工事修整好就夠了，何必要這樣三線配備破費民力物力呢？殊不知道日軍與我們防禦臺灣的對象不同，日軍的對象是盟軍，當第二次世界大戰的後期，美軍反攻太平洋各島嶼，她保有絕對的優勢海軍與空軍，她要攻佔某一個島嶼，總是先用海空軍，把沿海工事摧毀，把沿海陣地炸平，然後陸軍始行登陸，當時日軍的海空軍是無法與英美對抗的，爲避免無謂犧牲，不得已乃採取後退配備，就是選擇有利地帶，構築堅強工事，利用優勢陸軍，企圖殲滅敵人於登陸之後。這對於我們是不合用的，因爲我們現在的對象是共軍，無論共軍是怎樣誇張他的海空軍，但是直至目前爲止，他的海空軍與我海空軍比較起來，仍是處在絕對的劣勢，是無法與我們相較量的，因此我們在沿海岸所構築的工事，是不易受到共軍的摧毀。而且我們最高的作戰指導原則，是要殲滅敵人於水際，這就需要前進配備，要把防禦工事推進到海岸邊，在敵人下船上岸之際，我第一線部隊，應該充分利用既有的固定的陣地，熾盛的火網，將敵人殲滅於海岸之前。敵人下船後，一定是拼命的往空隙裡鑽，我們要想完全把它殲滅於海岸前，那是不可能的，爲防止少數滲透的敵人蔓延擴張，我們第二線第三線的工事，必須加強縱深，加強據點，構築阻絕工事，將滲透之敵，拘束在一個地區之內，使它無活動的餘地，甚或誘導敵人進入我們的口袋陣地，然後拿我們優勢的機動部隊，將它消滅在我們預想的地區。

我們現在沿海岸第一線的工事所建築的都是永久工事，而第二線第三線則是利用日軍遺留工事及野戰工事爲多。有人主張說：我們的防禦工事，應該是愈後愈堅固，我們不同意這種看法，因爲島嶼防禦與大陸平原作戰不同，在大陸上作戰可以縮到城裡固守，而島嶼上是無處可退，祇有死守。我們要第一線部隊死守海岸，就應該替他們準備好死守的條件，就得替他們預先構築好堅強的工事，使得他有可守的條件。在大陸上作戰，有的部隊長常下令部隊：「給我死守」，對於死守的時限也不給予明確的規定，所需要的糧彈也未給予充足的準備，祇是一味要他死守，這樣他祇感到死的威脅，而無生的希望，結果士氣愈打愈低落。如果你預先替他們準備好死守的條件，然後要他給你死守多少天，這樣他多打一天，便增多一份生的希望。譬如你要他給你死守十天，援兵一定前來解圍，那他打了一天，便祇有九天，打了兩天，便祇有八天，打了九天，便祇有一天，這樣不管傷亡是怎樣大，精神一定是愈打愈旺盛。兵家所謂「置之死地而後生」，並不是如同古時陪葬一樣，活活把他送到墓地去死，而是要給他生路，以激勵其必死的決心，就是我們常說的「必死不死」的道理。在我們構築沿海工事時，有人主張把伏地堡的門倒鎖起來，這是我絕對不同意的，對於自己的部下，你連相信都不相信，如同活埋一般，把它鎖在伏地堡內，你怎樣能夠期望他給你拼命打仗。我們用部下一定要相信部下，你要他死守，一定得把死守的一切條件都給他，並且要用各種榮譽去激勵他，這樣再做不到，然後可用嚴法去制裁他。而且部下的困難，你一定要給他顧慮週到，你答應他做的事，一定要準時做到，你要他死守十天，十天到了，你一定得派援軍趕到，上下有了信心，任務自然容易達到。

我們認爲在敵人登陸未穩的時候打擊它，是最有利的時機，絕不可因爲受登陸敵人數字龐大的眩惑，而猶豫不敢行動，譬如登陸敵人有數萬人，而我們守軍祇有一營人，我們就被敵人嚇倒。殊不知道在這時候，我們一營人要充分發揮火力，同樣可以殲滅爲數衆多的敵人。因爲我們估計敵人的戰鬥力量，不能純粹以數字多少來決定，部隊的火力，官兵的素質體力，以及指揮官的優劣等等，都是一個部隊戰鬥力的因素。共軍要想渡海作戰，因爲受種種條件的限制，在他下船上岸之際，這時是他戰力最脆弱的時候，也是我們打擊他最有利的時機，絕不可因爲受登陸敵人數字龐大的眩惑，而猶豫不敢行動。譬如登陸敵人有數萬人，而我們守軍祇有一營，我們就被它嚇倒。殊不知道在這時候，我們一營人要能把握戰機，充分發揮火力，同樣可以殲滅來犯的敵人。因爲共軍缺乏近代化的運輸工具，又沒有強大的海空軍掩護，坐着機帆、船前來，不僅爲我海空軍所截擊，且爲臺灣海峽的風浪所吞噬，縱有少數能以渡海成功，在他下船上岸之際，也必然是最脆弱的時候，體力上，他暈船疲勞，心理上，他恐懼害怕建制破碎，指揮紊亂，地形不熟習，種種不可免的困難，都足以削弱他的戰鬥力，所以這時它登陸的人數雖多，可是它的戰鬥力却是最脆弱。據空軍人員告訴我，當共軍在海南島初登陸的時候，我空軍前往轟炸掃射，這時共軍任憑你怎樣掃射，他動也不動，因暈船所致，仍在暈迷狀態。都像死人一樣，可是到了第二天早晨，敵人經過一夜的休息，就完全不同了，我空軍再往轟炸的時候，敵人非常活躍，甚至用步槍機槍向我飛機反擊，由這裡可以看到，純以數字來估計敵人，是絕對的錯誤。譬如有一團人，在晚上警戒不週，我們可以用一班人或一排人將他擊潰，過去我們在大陸上，看到敵人有於我相等之兵力，馬上就下令對抗，看到敵人比我較優之兵力，馬上就下令固守，看到敵人比我較劣之兵力，馬上就下令攻擊，這一套是不適於島嶼作戰的。因爲在大陸上防守一個陣地，祇要不讓敵人攻下，就算達成任務。防守大陸沿海，也是這樣，祇要把敵人打退了，就算完成任務。島嶼作戰，則完全不同，敵人不來登陸則已，既來登陸，不是你死，就是我活，沒有轉進退守的餘地，所以在我們的作戰教令上，便首先指明「海島之海岸防禦，應以絕對的攻擊手段，及澈底的積極的行動，以殲滅敵人於海岸前」，不容有絲毫猶豫消極，一切應該站在主動地位，發揮旺盛的企圖心。孫子兵法說：「凡先處戰地而待敵者佚，後處戰地而趨戰者勞，致人而不致於人也。」我們現在所處的態勢，便是以逸待勞，制人就是主動，祇要我們能充分發揮主動精神，不論來犯敵人是多少，我們一定能夠將它殲滅的，孫子兵法說過：「蓋敵求戰，而我以靜制動，以逸待勞，以整待散，必勝之道也。」

這次海南島防禦以失敗，就是一個最顯明的戰例。我聽到從海南撤退來臺的人說：共軍是從臨高角登陸的，不知是什麼原因上岸就把我防守部隊吃掉，這時共軍不顧疲勞，片刻不停的來一個向左旋轉，直奔海口，我方馬上派兩團兵力前往堵截，途中與敵遭遇，雙方便在大豐美停一線展開，這裡一邊靠山，一邊靠海，是河流與高山之間的一個寬約三十里的狹長地帶，是最容易發揮火力的地帶，可是我增援部隊仍是存着畏敵心理，一遇到敵人，便馬上停下來，而共軍却非常狡滑，看到我們的部隊來了，一槍不發，我們的部隊便意想天開的，以爲敵人投降，鬧出很大的笑話。雙方遭遇的時間是在下午二時，一直給敵人整頓休息了四個小時，我們增援部隊還未動手，到了黃昏時分，敵人開始猛烈攻擊，我軍就給打敗下來，而河口跟着也就跨了。

根據我們的戰術構想，我們曾特別規定，守備海岸的第一線部隊，營以下不許留預備隊，必須憑藉堅強之永久工事，編成濃密火網，以封鎖海面。縱然有一部份陣地爲敵軍所佔領，甚或敵人已滲透到碉堡線之後，而在沿岸永久工事及據點陣地內之守兵，亦必須固守至最後一兵一彈，以阻止其後續部隊之增援。我這裡所謂固守，並不是消積的坐等着挨打，仍然是要主動的去打擊敵人。要我們在第一線，可以伏地堡，做爲工事的核心，並輔以野戰工事，使陣地有伸縮性有彈性，並可儘量運用伍來殂擊伏擊敵人，在掩蔽地帶，還可利用埋伏，以膠着敵人，拘束敵人，不使它擴張蔓延，以待機動部隊之增援。

至於機動部隊使用，以及其能否達成殲滅來犯敵軍的任務，完全在其能否很快的趕到戰場爲定。所以，機動部隊必須經常保持高度之機動性，其行動務須要積極敏捷，以期能在第一線部隊未挫敗以前，迅速趕到戰場，立即向敵人實施反擊，不得有一點遲緩，給敵人有停留休息的時間。我前面已經說過，敵人初登陸時，一千人的戰力，抵不上一百人，如果給他休息一夜，他就是一千人的戰力，所以第一線的部隊，絕不可以因爲看到登陸的敵人來得多，而就坐以待援，失掉戰機。機動部隊，也絕不能因爲敵人數目超過我們，而就猶疑不前，延誤了打擊敵人的時間。要知道，這時敵人的數目雖然超過你多少倍，可是他的戰力，却比你更脆弱，你一定要在這個時候，迅速的予敵人以致命的打擊，則可以收事半功倍之效，因此我們特別規定，防守區的機動部隊，必須在五小時以內，趕到戰場，參加戰鬥。

我所說機動部隊，要迅速行動，積極攻擊，並不是要你閉着眼睛瞎撞，像沒頭蒼蠅一樣，到處亂鑽。抗戰之初，我們就曾犯過這樣毛病，有許多部隊長祇憑血氣之勇，不問敵情，不知地形，帶着部隊向前衝，結果投入敵人的火網而不自知。但是機動部隊因搜索敵情偵察地形而遲緩了行動，也不合我們迅速增援的要求。爲求機動部隊能以達到迅速增援的目的，我認爲必須做到兩件事。第一、對於地形，應該事先演習清楚，防守區以內之地形，固應瞭若指掌，就是偏遠地區，也應藉行軍演習的機會，與地圖比照清楚。第二、第一線守備師應該準備嚮導軍官，告訴增援部隊，那個地方有敵情，那個地方地形怎樣容易通過，使得它順利的趕到戰場，加入戰鬥。不要讓增援部隊弄不清地形敵情，遲緩了行動。本團（圓山軍官訓練團）第一期學員屆業前，所舉行的陸海空軍聯合實兵演習，我就看到有這種情形。沿岸守備師被圍困在第一線，岌岌可危，情勢非常急迫，而這時增援部隊應該如何迅速趕赴戰場才對，可是六七師，因爲初到不熟習地形，不瞭解敵情，哨兵向前搜索，一步一停，部隊行動非常遲緩，如果這時第一線的守備三三九師準備有嚮導軍官，便可很快將援軍領到前線，要知救兵如救火，機動部隊增援上去，如果摸索前進，豈不是正如敵人所期望來遲滯我們自己的行動嗎？我們的機動部隊，是步兵砲兵與戰車部隊組成的。如果增援時，有嚮導軍官對于敵情地形非常清楚，我們便可在沒有敵情的地區，步兵爬上戰車，迅速通過，到敵情不清楚地區，步兵可以下車，在前搜索，戰車再行迅速跟進，這樣既可不致于中敵人的伏擊，且可適時趕到戰場。

爲了適切運用機動部隊，我們先得研究共軍攻臺可能採取的方式。照我們的判斷；共軍可能採用兩種方式來進攻臺灣：

㈠重點式的攻擊：共軍以全部力量集中於一狹小正面登陸，登陸成功後，採用釘子戰術死不放鬆，以待後續部隊之到達。

㈡分點式的攻擊：共軍先以一部份兵力作試探性的佯攻，再以主力分成數點同時登陸，登陸成功後，採用錐形突擊的方法，越打越靠攏以殲滅我軍主力。

針對着共軍這兩種攻擊方式，我們對於機動部隊的運用，就決定第一線師及防守區所制控的預備隊，主要攻擊目標，即爲敵軍之灘頭陣地。於敵人登陸後，應盡速竭力壓縮敵人的佔領區域，將他的釘子連根拔掉不使其有立足之地，迅速恢復我海岸第一線陣地。

據我們的判斷，共軍攻臺以採取分點式攻擊的公算最大，所以我們使用機動部隊，應該澈底集中優勢兵力控敵軍主力登陸地點，迅速果敢將敵人殲滅。然後適宜轉移兵力於其他登陸點，各個擊敗敵人。

因此，第一線守備部隊關於敵情的報告，一定要確實，使我們判斷出那裡是敵人的主登陸點，以便適切使用機動部隊。我們在敵人行動時固然可以藉空軍偵察敵情，但是對於共軍究竟有多少人登陸的確實情形仍要靠我第一線守備部隊的報告。雖然我們沒法提出精確的數字，但是估計的數字一定要盡力求其精確，切誡謊報軍情，誇大來犯匪軍的數目，使指揮官無法判斷敵人主登陸點所在，一旦錯用了機動部隊，即將招致不可挽回的命運。

第二次世界大戰期間，德國在沿海的防禦工事構築得非常堅固，但結果仍歸失敗了。邱吉爾在大戰回憶錄中檢討德國失敗的原因說：希特勒把整個歐洲佈成一面蜘蛛網，但他把蜘蛛位置放錯了，結果失敗。我們知道任何一種蚊蟲，碰到了，蜘蛛網，就被黏着，同時蜘蛛也就得到報告，知道蚊蟲被黏在網上某一部位，立即沿着蛛絲網路，前往將蚊蟲撲殺。蜘蛛網發生拘束通信交通的功效，很像我們預先準備好的工事網交通網和通信網，蜘蛛就是機動部隊。僅僅把網準備好；而沒有蜘蛛，固然不行，就是有蜘蛛，而沒有得到適切的使用，也難能達到殲滅敵人的目的。

關於機動部隊的使用，我也有一個譬喻，雖然覺得不十分恰當，但亦可藉此說明他的性質和其關係。我們防止共軍進入臺灣的戰術，等於防止蒼蠅進入一間房子一樣，我們所築的防禦工事，等於房間外面裝上紗窗紗門，但是有了紗窗紗門，並不能絕對防止蒼蠅不進入房間，不過等蒼蠅進入房間後，我們仍可以使用蒼蠅拍子去撲殺它，這種拍子，就像我們的機動部隊，要能迅速的撲滅滲透進來的敵人。所以要使得機動部隊能以靈活運用，那就得要求敵情報告確實及交通網通信網的健全了。

綜上所述，我們可以知道，臺灣防衞是整個的、一體的。雖然我們有防守地區之分，但是我們整個部隊的運用，絕不受地區所限，一切補給也應該靈活運用，不能像過去在大陸上所犯的錯誤，分割破碎消極被動，猶豫等待，終給敵人各個擊破的機會，現在我要求部隊，一定要一百八十度的轉變過來，站在主動地位，採取斷然的攻擊手段，積極的行動，以期各個擊破敵人。對於被圍困的友軍，切不可坐視不救，讓友軍被敵人吃掉，以致到了最後我們自己也受到莫大的危害。今日我們無論是站在道義觀觀點或是爲自己部隊安危打算，我們都應緩急相救，守望相助，所以我特別規定，不論是那個部隊如有坐視友軍受危不救的情形，一定要受嚴厲的處分。

臺灣是我們最後的一塊革命基地，同時也是我們反攻大陸的根據地。今日我們大家共同生活在這一寶島上，就如同在暴風雨之夜，一隻破船漂浮在驚濤駭浪的太平洋裡，任何有一處漏水，都會影響全船人的生命安全，我們祇有同舟共濟，齊心協力，方可突破黑暗，安達彼岸。以上是我對於島嶼防衛研究的一點心得，沒有時間來作有系統的整理，今日拉雜的提出來，以供諸位參考研究。如果各位有甚麼研究心得，我很希望各位也能提出來，大家來共同研究商討。

收復海南意見書

孫立人將軍民國四十三年三月六日

意見具申

擬請派軍收復海南島，以爲反攻大陸之前奏，藉資激勵士氣民心，提高國際地位，領導東亞反共抗俄。

理　由

㈠海南島現爲共軍控制東南亞之海空軍基地，亦爲俄帝赤化東南亞之踏板，俄潛艇以榆林港爲基站，活躍南海，造成英美法三國海上運輸交通之一大威脅，最近三國在南海舉行海軍聯合大演習，即可證明其重視，故我收復海南島在國際上易爲反共民主國家所贊助，且朱毛奸黨在俄帝提携之下，即將出席日內瓦會議，企圖在國際上逐漸擡頭，我收復海南，不但可打擊共軍之聲勢，且可鞏固並提高我國際之地位。

㈡收復海南島在反共抗俄之情勢上其利如左：

(1)國軍官兵年齡漸長，人民居臺咸盼反攻，大陸同胞，渴望自由，翹望王師，在此反共高潮時期必須有所行動，如我能主動收復國土，不獨可激勵士氣民心且可瓦解共黨軍心。

(2)反共義士歸國，顯示我政治上獲得輝煌成就，收復海南，依實力之表現，則可證明我軍事之顯著進步，使國際上對我反攻大陸增加信心，爾後易獲得友邦之同情與援助。

(3)海南島與大陸相距咫尺，便於支援及培植，華南反共力量，對黨政之反攻，更易收效。

(4)海南臺灣互成犄角之勢，海南收復後，構成反攻大陸之優良戰略態勢，且瓊州海峽狹窄，較之臺灣海峽，渡海容易。

(5)收復海南，可獲得大量之人力與豐富之鐵礦、及其他資源，故能增強反攻戰力。

(6)收復海南島可遏制俄帝與中共勢力南侵之威脅，使自由世界，確認我軍實力，加強反共信心，促成東亞反共之大同盟，獲取太平洋反共抗俄之領導權。

(7)對海南島之作戰，係為我愛好自由之中華民族爭取民主自由恢復國土之革命戰爭，不致引起國際之糾紛與干涉。

(8)收復海南島後，美可利用海空軍基地，作為太平洋防線中之一環，并利於對越南之支援，故海南島之作戰易獲得美國物資及精神上之援助。

(9)收復海南島可減輕越戰之危機，及共產勢力對東南亞之威脅，因而易獲得英法之同情與支持。

(三)對海南島作戰固有減低臺灣防衞力量，並使國軍兵力分散及收復後確保較為困難，與增加後勤上負擔，並有促使俄帝更為積極援助中共之不利，惟目前臺灣在美國協防之下，匪敢進犯之公算較少，或如能先與美方妥商而獲得其全力支援，則不僅上述困難問題，均可獲得解決，且因海南之收復，獲得大量之人力，增編部隊後反可加強戰力。

辦法

㈠作戰使用兵力——陸軍六個師裝甲一個總隊為基幹海空軍主力。

㈡防衛臺灣兵力擴編——動員臺灣常備兵及補充兵擴編九個師，使接替防衛臺灣任務，及對海南島方面作戰之支援。

㈢作戰準備時間——作戰部隊裝備改進及戰力充實（如充實員額）為適應預想戰場上之地形敵情所必需之特種訓練之加強情報之蒐集，作戰計劃之擬定、運輸船舶之籌配，及後勤補給之籌備與集積等各種作戰準備，概於預期三個月內完成。

㈣作戰開始時間——預期於本年七月以後開始實施。

㈤先與美方商請支援事項——實施前需與美方妥商之主要事項如左：

(1)全力協防臺灣——國軍抽出有力一部，使用於海南後，臺灣防衛力量，勢必減輕，請美軍全力協防，期策萬全。

(2)增援裝備——商請美方增援九個師之裝備及經費。

(3)協力運輸——運輸兵員及軍品不足之船舶及海上機動期間之掩護請美海空軍儘力協助。

(4)後勤支援——攻勢作戰期間及收復後之確保作戰所需重要之軍需品補給，請美軍支援。

(5)協防海南——收復海南島後，請美以海空軍協防，共軍進犯。

國家圖書館出版品預行編目資料

中國軍魂：孫立人將軍鳳山練軍實錄

孫立人講述；沈敬庸編輯. – 初版. – 臺北市：臺灣學生，民 82
面；公分

ISBN 978-957-15-0476-6 (精裝)

1. 孫立人 – 學識 – 軍事 2. 戰略

592 81006765

中國軍魂：孫立人將軍鳳山練軍實錄

講述者：孫立人
編輯者：沈敬庸
出版者：臺灣學生書局有限公司
發行人：楊雲龍
發行所：臺灣學生書局有限公司
臺北市和平東路一段七五巷十一號
郵政劃撥戶：〇〇〇二四六六八號
電話：（〇二）二三九二八一八五
傳真：（〇二）二三九二八一〇五
E-mail: student.book@msa.hinet.net
http://www.studentbook.com.tw

本書局登記證字號：行政院新聞局局版北市業字第玖捌壹號

印刷所：長欣印刷企業社
新北市中和區中正路九八八巷十七號
電話：（〇二）二二二六八八五三

定價：新臺幣七〇〇元

一九九三年一月初版
二〇一三年十二月初版二刷

59202

ISBN 978-957-15-0476-6 (精裝)